ジェンダーで読む21世紀の福祉政策

杉本貴代栄著

有斐閣選書

もくじ

第5章 進展する高齢者政策 175

第1章

社会福祉基礎構造改革の進行

1 社会福祉基礎構造改革の進展と行方（一）

社会福祉法の成立

◇転換期を迎えた社会福祉

今日、日本の社会福祉制度が歴史的な転換期に直面していること、来るべき超高齢社会を支えるための制度としてつくりなおされるべき課題を抱えていることは、誰もが共通して痛感していることであろう。現行の社会福祉の枠組みは、一九四〇年代から一九五〇年代にかけてつくられたもので、戦災孤児、戦傷病者など生活困窮者の保護・救済を目的として出発し、その後の経済成長と歩調を合わせて発展したものである。しかし近年の社会は、少子・高齢社会の進行、核家族化や女性の社会進出による家族の変化、障害者の自立と社会参加の進展等、さまざまな変化が生じている。それにともなって人々が社会福祉に期待するものも変化した。生活困窮者に対する保護・救済だけではなく、広く国民一般を対象としてその自立を積極的に援助するものへと移行することが期待されるようになった。また社会福祉サービスに対する需要も多様化し、行政指導で福祉サービスの対象者や内容を決めるだけではなく、利用者が自らの意志で自分にあった福祉サービスを選択することを望む声も高まった。

社会福祉の個々の領域においては、このような社会の変化に対応するため、さまざまな改革が行われた。とくに一九九〇年代は、今までになく各分野で改革が行われた時期であり、「社会福祉改革の一〇年」であったといってもいいだろう。例をあげれば、一九九四年にゴールドプランを見直した、高齢者福祉施策の目標と方向を示す新ゴールドプランが策定された。一九九三年に障害者基本法が制定され、一九九五年には障害者プランが策定された。一九九四年には子育て支援の基本方針を示したエンゼルプランが策定され、一九九七年には児童福祉法が改正された。同じく一九九七年には介護保険法が成立した。一九九九年には新エンゼルプランが策定され、同年には介護保険の二〇〇〇年四月からの実施に対応するため、高齢者福祉施策の目標値を高くしたゴールドプラン21が策定されたのだった。

しかしその一方で、社会福祉事業、社会福祉法人、措置制度、福祉事務所といった社会福祉の基礎構造については、一九五一年に社会福祉事業法が制定されて以来、約五〇年間その枠組みが変わっていない。そこで社会福祉が今日的課題に対応し、将来にわたって増大し多様化する福祉需要に応えるために、社会福祉の枠組みを抜本的に見直すこと――社会福祉の基礎構造改革を進めることが緊急の課題となったのである。

◇社会福祉法成立の経過

社会福祉基礎構造改革についての議論は、一九九七年八月に厚生省社会・援護局長のもとに設置された「社会福祉事業等の在り方に関する検討会」から始まった。同検討会は一九九七年一一月に検討の内容をとりまとめた報告書『社会福祉の基礎構造改革について（主要な論点）』を提出した。その直後の一一月には、中央社会福祉審議会に社会福祉構造改革分科会が設けられ、以後、基礎構造改革の議論は同分科会に引き継がれた。同分科会が約半年間検討した結果が、一九九八年六月に公表された「社会福祉基礎構造改革について（中間まとめ）」である。この「中間まとめ」では、その後に推進された改革の骨子が明らかにされた。それによると、次のような七つの基本的考え方に沿って、社会福祉の基礎構造全般について抜本的な改革を実行する必要があるとしている。

① サービスの利用者と提供者との間の対等な関係の確立
② 利用者本位の考え方に基づく利用者の多様な需要への地域での総合的な支援
③ 利用者の幅広い需要に応える多様な主体の参入促進
④ 信頼と納得が得られるサービスの質の効率性の向上
⑤ 情報公開などによる事業運営の透明性の確保
⑥ 増大する社会福祉のための費用の公平かつ公正な負担
⑦ 住民の積極的かつ主体的な参加による福祉文化の創造

「中間まとめ」を公表後、厚生省は関係団体との意見交換や、全国六カ所で開催したシンポジウムを通じて意見を聴取し、これを踏まえて同分科会は同年一二月八日に「社会福祉構造改革を進めるに当たって（追加意見）」をとりまとめた。これを受けて厚生省では改革の具体的方策について検討を行い、一九九九年四月に、「社会福祉事業法等一部改正法案大綱」を公表し、改正の枠組みを示した。その後、各審議会へ諮問した後、二〇〇〇年三月に「社会福祉の増進のための社会福祉事業法等の一部を改正する等の法律案」が閣議決定され、同日国会に提出された。同法は二〇〇〇年五月に可決成立し、六月に公布・施行された。

改正の対象となったのは、社会福祉事業法を中心とする八法である。社会福祉事業の共通的一般事項を定める社会福祉事業法は、利用者本位の社会福祉制度を確立するという観点から改正され、名称も社会福祉法と改正された。その他改正の対象となった法律は、身体障害者福祉法、知的障害者福祉法、児童福祉法、民生委員法、社会福祉施設職員等退職手当共済法、生活保護法の一部改正、公益質屋法の廃止、である。

◇基礎構造改革のめざすもの

成立した社会福祉法によると、基礎構造改革がめざす方向は、次の四つとされている。

① 利用者の立場に立った社会福祉制度の構築
- 福祉サービス利用者がサービスを選択できる仕組みの確立
- 福祉サービス利用者を保護する仕組みの制度化

② サービスの質の向上
- 事業者によるサービスの質の自己評価などによる質の向上
- 社会福祉法人に関する情報開示の義務づけなど情報提供体制の整備

③ 社会福祉事業の充実・活性化
- 社会福祉事業の範囲の拡充

・社会福祉法人の設立要件の緩和
・社会福祉法人の運営の弾力化
④　総合的な地域福祉の推進
・市町村地域福祉計画および都道府県地域福祉計画の策定
・社会福祉協議会・民生委員（児童委員）・共同募金の活性化

なかでも基礎構造改革の「目玉」とされたのは、税（公費負担）による「措置」に基づく福祉サービス体制を見直し、利用者がサービスを選択して決定する「利用（契約）制度」へ移行させることであった。措置とは、行政が行政処分によりサービス内容を決定する方式のことであり、戦後の社会福祉の根幹を構成してきた制度である。要援護者を行政主導で措置の対象とし、公費負担で社会福祉サービスを提供する制度は、限られた社会資源を優先度に応じて配分することができる制度であるため、戦後の復興期に生活困窮者を緊急に保護・救済するためには有効な方法として制度化されたのである。

しかしその反面、措置制度とは行政責任による一方的・恩恵的なサービスになりがちであり、利用者の意向によるサービスの選択が行われないという欠点がある。社会が変化し、人々の社会福祉サービスへの要求が多様化するなかでは、現状に即さない面が生じてきた。このような理由により、利用者と事業者が対等な関係に立ち、福祉サービスを自ら選択できる仕組みを基本とする利用者本位の社会福祉制度の確立がめざされたのである。しかし一方で、措置から契約へと代えることは、福祉サービスに対する公的責任と利用者の権利があいまいになることが危惧された。

措置から選択利用制度への転換の契機としては、一九九五年七月に出された、社会保障制度審議会「社会保障体制の再構築（勧告）」があげられる。同勧告は、社会保障給付の改革の基本的方向として、供給者の意向ではなく利用者の必要や考えに沿って行われる制度の構築の必要性を提示し、「利用者が自分で選択してサービスが受けられるようにすることが大事であり、この観点からも現在の社会福祉制度における措置制度を見直すことが求められている」と、措置制度の見直しを求めたのだった。

この勧告と同時並行的に、厚生省が設置する児童や老人福祉関係の審議会でもサービス利用方式の変更が進められ、一九九七年にはサービス利用に選択権が委ねられる二つの法改正が行われた。一つは、一九九七年六月の児童福祉法の改正である（実施は一九九八年四月）。改正児童福祉法は、保育所の利用方法を変更し、児童の保護者が入所を希望する保育所を選択して市町村に利用申請できることとした。市町村には、その選択に資するための情報提供、そして保護者の利用希望に応じる義務が課された。この方式は、保護者と保育者とが直接契約を結ぶ仕組みではないが、保育の実施者である市町村が保護者の選択を支援し保障する責務を有することとなった。二つ目は、一九九七年一二月の介護保険法の成立である（実施は二〇〇〇年四月）。介護保険では、介護サービスの利用方式が、従来の措置制度から要介護認定を受けた利用者が、認定された要介護度の限度額の範囲内で介護サービスを選択して利用する仕組みに変更された。措置制度からの移行は、社会福祉法の改正以前にすでに着々と進行していたのである。

今回の改革は、介護保険（と児童福祉法改正）で導入した選択利用制度の仕組みを構造改革によって他の施策に拡大することであり、また一方では、介護保険の円滑な実施に必要な利用者支援の仕組みづくりを改革が推進するという、相互補完的な関係なのである。

◇ 超高齢社会になるということ

社会福祉法の成立と、それに先立つ児童福祉法改正と介護保険法の施行により、多くの福祉サービスは措置から利用者の選択による利用制度に移行した。具体的には、高齢者の介護は社会保険方式、保育所は行政との契約方式、障害者の更生施設や授産施設などは支援費制度（施行は二〇〇三年四月一日）へと移行した。しかし、まったく措置制度がなくなったわけではない。障害児の関係施設、児童養護施設、乳児院、養護老人ホーム、生活保護法上の保護施設などについては措置制度が残されている。要保護児童や判断能力の低い障害者、高齢者に対しては配慮が必要だからである。しかし、措置制度が残されたこれらについても、近い将来に利用制度が導入されるかもしれない。今のところは不明であり、今後に課題が残された。

このような改正の結果として、社会福祉制度の利用には、大きく分けて措置制度と利用制度が並立することになったのだが、措置制度から利用制度へという大きな流れがあることは否定できない。このような変化は、社会福祉サービスの利用方式をめぐる変化にとどまらず、社会福祉の援助のあり方、社会福祉への市場原理の導入や規制緩和を含めた、社会福祉全体に関わる問題なのである。

近年の社会福祉の歴史をみても、大きな改革が行われたのは何も今回がはじめてではない。一九七

○年代には石油ショックを契機とした「福祉見直し」が、一九八〇年代からは高齢化社会を視野に入れた「分権化」が進行した。しかしそれらの改革と比べても、今回の基礎構造改革は社会福祉のパラダイムの転換を迫る大きな改革といえる。その背後には、今までに類を見ない超高齢社会の進行がある。超高齢社会とは、多くの高齢者や障害者を抱える社会であり、急増する福祉サービスを供給できる社会福祉のシステムをつくること、それを支える税だけによらない新たな費用負担の仕組みを整える必要があった。超高齢社会を支える福祉サービスのシステムを確立することが、社会福祉基礎構造改革の出発点なのである。

2 社会福祉基礎構造改革の進展と行方（二）

民営化・市場化する福祉

◇市場メカニズムの導入

社会福祉基礎構造改革がめざしたことの一つが、前述した「(措置制度外の) 利用者側の選択の多様化」であるならば、同時にめざされたものは「社会福祉サービス提供者側の多様化」であった。「利用者の選択」が行われるためには、提供される福祉サービスの種類が多様であり、その質が高いことが前提となるからである。従来――これまでの措置制度のもとでは――福祉サービスの提供は国、地方自治体、社会福祉法人が主として行ってきた。サービスの提供については行政が責任をもち、実際には行政からの委託を受けた社会福祉法人等がその担い手となっていた。また従来のような制度のもとでは、あえて福祉サービス分野に参入しようとする企業はあまり出現しなかった。しかし、公的介護保険の施行とそれに続く社会福祉法の改正は、福祉サービスの分野に市場メカニズムを導入することになったのである。

介護保険のもとでは、基本的に行政はサービスを提供する主体ではなくなり、多様な事業者がサービスを提供することとなった。利用者は事業者を選択して、契約を結ぶ当事者として介護サービスを利用する。このような介護サービス市場が登場したことにより、今後、市場を通じたサービス供給量が増加し、かつ競争原理によってサービスの質が向上することが期待された。しかしその一方で、健全な競争のなかでサービス提供が行われるように、環境整備が重要な課題となったのである。このような変化の背景には、高齢化の進展にともなって介護サービスの需要が拡大し、従来のような地方自治体や社会福祉法人だけが提供するサービスの量では対応できないこと、そのため民間企業やＮＰＯをはじめとした多様な経営主体の参入が必要とされたことがある。

しかし、福祉サービスの「量」の問題だけではなく、その「質」に関する問題も指摘された。従来福祉サービスを一手に担っていた社会福祉法人制度は、戦後の社会福祉事業法のなかで創設されたものである。しかし社会福祉法人以外には福祉サービスに参入しようとする民間組織が存在しなかったこともあり、社会福祉法人は事実上社会福祉事業の独占的供給源となり、そうした五〇年に及ぶ歴史のなかで民間団体としての自主性、主体性、先駆性を喪失し、いわば第二行政ともいうべきものに変質した。一部であるとはいえ、福祉サービスの品質の低下、利用者の虐待、さらには汚職などの事態が生み出されたことは周知のとおりである。民間企業が福祉サービスに参入することは、福祉サービスの向上をもたらすという根拠の一つでもあった。社会福祉基礎構造改革のねらいの一つである「社会福祉サービス提供者側の多様化」は、このような理由により進められたのである。

◆介護保険下での導入

従来では、福祉サービスを担う事業主体は、市町村の委託がなければ事業の展開が難しかったが、介護保険下においては一定の条件を満たせば都道府県による指定を受けて参入することができることとされた。介護保険法は、サービス供給主体に対する事前的規制として指定制度を導入したからである。とくに、在宅介護サービス事業については、原則として法人格があればよく、事業者の申請によって都道府県知事が指定する。事業主体による参入規制はないため、公的主体や社会福祉法人だけでなく、医療法人、民間企業、農協、生協、特定非営利活動法人といった多様な主体が参入できることになった。また、地域のボランティア団体のような法人格をもたない事業主体についても、人員や設備について一定の要件を満たせば、市町村の判断により「基準該当居宅サービス事業者」として、提供するサービスが介護保険制度における保険給付の対象になる。ただし、この場合には利用者は費用を全額立て替え、あとで市町村に申請して償還払いを受けるという不便がある。

一九九八年三月に特定非営利活動促進法（いわゆるＮＰＯ法）が成立し、福祉の増進を目的として活動を行っている市民団体が一定の要件に該当すれば、都道府県知事の認証を受けて特定非営利活動法人という法人格を取得することができるようになった。前記した、「基準該当居宅サービス事業者」として介護サービスを行う地域のボランティア団体などが、この法律に基づき法人格を取得すれば、在宅サービス事業者として都道府県知事の指定を受けられることになったのである。

また在宅サービスだけではなく、介護保険施設（指定介護老人福祉施設、介護老人保健施設、指定介護療養型医療施設）やケアプランを作成する居宅介護支援事業者（ケアマネジャー）についても、一定の人員基準や設備運営基準を満たせば指定または許可を受けることができ、利用者はそのなかからニーズに適切に応えてくれる者を選択することができる。このような方式により、福祉サービスの分野に多様な主体が参入し、利用者にとっては選択の幅が広まった。介護保険法のもとでは、国と地方自治体はサービスの直接的な供給主体としてではなく、多元的な事業者が競争に参入することが可能なサービス市場の基盤整備を推進する、いわば調整主体としての責任を負うことになったのである。

◆社会福祉法による改革

介護保険法によって「緩和」された福祉サービス事業主体の条件や内容については、社会福祉法の成立によって再度検討が加えられた。一つは、より時代の要請に応える福祉サービスの拡充について、もう一つは、拡充された福祉サービスを利用する利用者擁護についてである。措置から利用者の選択による利用制度に移行した福祉サービスとは、より多様な、かつ質の高いものでなければならないし、同時にそのようなサービスを利用する利用者擁護の条件整備が必要だからである。

　時代の要請に応える福祉サービスの拡充については、社会福祉事業の範囲を拡充し、社会福祉法人の設立要件の緩和・運用の弾力化について規定した。具体的には社会福祉法人の設立要件のうち、障害者の通所授産施設の規模要件を二〇人以上から一〇人以上へと引き下げた。資産保有も一億円以上であったが、ホームヘルプ事業や小規模障害者通所授産施設については一〇〇〇万円に引き下げ、社会福祉法人格を取得する途を広げた。

　利用者の擁護については、①利用者の利益を保護する仕組みを導入し（地域福祉権利擁護事業、苦情解決制度、利用契約成立時の書面交付）、②福祉サービスの質の向上（社会福祉事業者によるサービスの質の自己評価、サービスの質を客観的に評価する第三者機関の育成）について規定した。

　また社会福祉法は、障害者福祉のサービスについて、（介護保険方式と同様に）サービス利用者が自らの意志と責任において利用したいサービスを選択し、その利用について市町村から利用者に対して支援費を支給する支援費制度を導入した（実施は二〇〇三年四月から）。これにより、障害者福祉サービスの利用手段は従来の措置から当事者間の合意に基づく契約へと移行することとなった。しかし支援費支給方式の利用者は、「要支援者」であり、契約を自ら適切に締結する判断能力を喪失していたり、低下している利用者が珍しくない。ゆえに支援費支給方式の導入にあたっては、サービス提供者側の契約の履行を監視して、利用者の権利擁護の役割を担う保護機関が必要となる。ゆえに利用者の権利擁護の環境整備が社会福祉法によって整えられる必要があったのである。

◇基礎構造改革がジェンダーに与える影響

福祉・医療分野におけるこのような規制緩和の進行は、経済対策閣僚会議が一九九七年一一月に発表した「二一世紀を切りひらく緊急経済対策」から始まった。これによると、「民間企業の参入を促進し、民間部門の創意」を生かした「効率的なサービス提供」の観点から、福祉分野では、市町村が民間企業にデイサービス、ショートステイ事業を委託することを可能とするとしている。また引き続いて、在宅介護支援センターの運営や訪問看護事業への参入、保険会社の介護ビジネスへの参入、在宅入浴サービスに関する要件をいっそう緩和するなどの案が示された。特別養護老人ホームについても、民間企業の参入を認める方向での議論があった。これについては当面、議論が先送りされたが、いずれこの議論は再燃することは間違いないだろう。

しかし、福祉サービスが民間により行われるようになったのは、基礎構造改革の議論から始まったものではない。すでに一九八〇年代から、民間活力の活用、民営化に関する議論が起こり、一定の福祉分野に参入する民間業者が出現した。当初それが登場したときには、民間による福祉関連サービスは社会福祉事業の枠外のものとして扱われ、ときには社会福祉事業とは似て非なるものとして強い批判の対象とされたものだった。しかしその後、規制緩和を求める声が高まり、介護保険制度の導入以前から福祉分野に進出する一般業者は増加した。厚生省の「健康・福祉関連サービス産業統計調査」(一九九六年)によれば、サービス提供事業所総数は在宅福祉サービス分野では三四三一、医療関連サービス分野では六八〇四、健康増進サービス分野では一九五三であった。最も関連深い在宅サービスを供給する事業所数だけをみても、一九九三年の一五五四と比較すると倍以上増加した。内容をみると、福祉用具の賃貸・販売（四八・一%）、ホームヘルプ・サービス（一八・六%）、移送サービス（一〇・一%）であった。事業所の経営組織別にみると、在宅福祉サービスを提供する事業所の七〇・二%が営利企業であった。すでに福祉の市場化は、介護保険導入以前から始まっていたのである。しかし、介護保険が促した市場化とは、それ以前の市場化とは、根本的に異なっていたのである。

なぜならば、介護保険下での福祉サービス事業とは、それまでの市場とは異なる特徴をもっているからである。まず何よりもこの市場では、つねに一定規模のサービス需要を支えるだけの財源が確保されている。介護保険制度では、実際に利用された介護サービスの費用を保険から給付する仕組みであり、使い道を問わない現金での給付は行わないため、保険給付額のすべてが介護サービスに消費される。保険給付額に自己負担額を加えた総費用は、初年度の二〇〇〇年度で四・三兆円が見込まれ、今までとは規模もシステムも異なる大規模な市場が登場したのである。

また、この新市場は、不況下でのリストラなどで雇用が難しくなるなかで、今後も新たな雇用を創出する分野として期待されている。政府はこのような福祉分野を受け皿にして、五〇〇万人の雇用創出構想を明らかにした。事実、政府の総合規制改革会議が二〇〇一年末に提出した最終提言にも、今後規制緩和を推進する分野の一つに福祉分野があげられ、今後労働力需要が高まる分野として福祉労働が期待されていた。

しかし一方で、多様な福祉サービスが増加すること、とくに営利事業が参入することに不安を覚える人も多かった。その不安とは、次のような意見に代表された。

① 介護サービス利用者の階層格差

② 企業の営利性の追求

③ 福祉労働の不安定化

基礎構造改革がジェンダーに与える影響を考えると、これらの不安と密接に関連している。つまり、お金のある人は高価な介護を購入し、そうでない人は質の低い介護を購入したり、あるいは家族介護に頼ることになるかもしれない。営利を追求する事業体は、利益率の高いサービスに集中し、過疎地や廉価なサービスを敬遠するかもしれないし、このような営利事業で働く人は、低賃金なパート雇用が中心となり、不安定で不利な女性労働力が中心となるであろうからである。

利用者が選択できる多様な福祉サービスの基盤を整備することは、来るべき超高齢社会にとっては必要なことである。しかしそれらの多様な福祉サービスの担い手が、安価で不安定な女性労働を受け皿として進められるのであれば、女性労働力の雇用の不安定化はより進行するだろう。社会福祉基礎構造改革がめざすところは、超高齢社会対応型の新しい福祉社会であることは間違いないのだが、それが女性に親和的な社会であるかどうかは今のところ不明である。二〇〇三年四月には、社会福祉基礎構造改革をより鮮明に体現する障害者支援費制度が施行された。社会福祉基礎構造改革はいまだ進行中なのである。

3　保育制度の改革 —— 進行する「ケンタッキー・フライド・チルドレン」

◆少子社会と保育問題

一九九〇年代に入ると、子育てや子どもの保育が社会的な関心を集めるようになった。その背景には、出生率の低下に現れた子育てをめぐるさまざまな困難がある。このような関心から保育所の充実や保育制度の改革が政策課題に上り、一九九〇年代後半から社会福祉基礎構造改革の一環としての保育制度の根本的な見直しが進められたのだった。

少子化問題が明らかになったことにより、一九九四年には日本で最初の少子化対策ともいえるエンゼルプランとその施策の具体化である「緊急保育対策等五カ年事業」が策定された。これはエンゼルプランの重点施策のうち、一九九五年度から一九九九年度の五年間に整備すべき具体的目標を設定したものである。低年齢児保育、延長保育、一時保育、多機能化保育所、保育所の人的配置の充実、といった保育所機能の充実についての具体的数値が定められた。しかし財政が逼迫するなかで必要な施策を確保するためには保育制度の抜本的な見直しが必要であり、そのためには児童福祉法の改正が必要とされたのである。

また一九九九年には、二〇〇四年度までに整備すべき保育サービス等子育て支援サービスの目標を定めた新エンゼルプランが策定された。新エンゼルプランにおいても保育所の拡充が焦点とされ、何よりも待機児童をゼロにするためのさまざまなメニューが盛り込まれた。しかし保育所は増えているのだが、それを上回る勢いで入所希望児が増え、待機児童問題は解決しない。育児休業法が改正されるなど子育てを支える条件が整備されているようにも見えるが、働く女性が増加するなかでは保育所は最大の子育ての支え手なのである。二〇〇三年四月時点での保育所待機児童は約二万六〇〇〇人と、前年よりも六〇〇〇人増加した。ただこの数字は、認可保育所以外の託児所などを利用してしのいでいる子どもの数を除いているので、実際にはもっと多いことになる。第一希望の保育所に対する待機組を含めると、四万人近い子どもが保育所の入所を待ち望んでいる。このような現状のなかでは保育所の充実は緊急の課題であり、児童福祉法の改正をはじめとした、さまざまな改革が進行したのである。

◆児童福祉法の改正

一九九七年六月に児童福祉法が改正され、一九九八年四月から施行された。この改正のうち保育制度に関する重要な第一の点は、保育の措置制度を廃止したことである。措置制度に代えて、保育所の入所を利用者による選択制に改めた。保育における措置制度というのは、共働きなどを原因として「保育に欠ける子ども」が地域にいる場合、市町村はその子どもに対して「保育の措置を採らねばならない」として、行政に保育の義務を課す制度のことである。従来の児童福祉法はこの措置制度のもとで、市町村に対して「保育に欠ける子ども」の保育の公的責任を負わせ、保育施設や保育士の配置等の最低基準を定めて、保育費用は公費負担にするという方式をとってきた。だが法改正によって、措置制度ではなく、実施義務へと切り替えられた。

改正の重要な第二の点は、保育料負担のあり方を変更したことである。それまでの保育料は、保育所利用者の所得水準に応じて保育料が決まる応能負担方式だったが、それを保育費用については原則的に利用者が負担する受益者負担方式に改めた。そのうえで、もし保育コストの全額を利用者から徴収すると家計に重大な打撃を与えるだろうから、その影響を考慮して定める額とする、とした。保育の費用は子どもの年齢によって異なるので、保育料は子どもの年齢ごとに決められた保育料に均一化するということになる。そうすると保育所に投入される公費とは、措置費とは違って利用者に対する補助金ということになる。これは介護保険における利用者補助金給付の考え方、また障害者福祉における利用者支援費の考え方と類似のものが保育制度にも導入されたことになる。

しかし、児童福祉法の改正によっては、それが意図していたような保育制度の抜本的な改正は進行しなかった。措置制度に関しては、法改正により措置制度から保育の実施制度と名称は変更されたものの、実質的には保育サービス供給における国・自治体の責任は従来のまま残っている。時間的経過からすると、一九九三年に厚生省に設置された「保育問題検討会」の第八回目の会合で保育所の利用方式を措置方式から契約方式に変更するという議論が開始され、保育分野は最も早く措置制度廃止に向けての動きがあった。措置制度解体の先陣をきると思われていたにもかかわらず、措置制度の廃止による保育制度の抜本的な改革は実現しなかった。これは従来の保育制度が公的保育に大きく依存していたこと、そこでの運動の積重ねがあり、利用者、施設経営者、自治体などが改革に強く反対したことがあげられる。

一九九五年に出された社会保障制度審議会「勧告」が措置制度廃止を打ち出したことを受けて、中央児童審議会の答申が出されたが、そこでの意見も措置制度廃止に向けてまとまらず、答申は措置制度の堅持案と見直し案の両論併記に終わっている。また保育料負担は変更されたが、徴収の現実はあまり変わらなかった。法改正後の保育料は従来どおり市町村に納入され、国・自治体はさしあたりその保育料収入に関係なく、その運営に必要な公費を投入している。ゆえに、法改正によって保育制度全体が利用者補助金方式に変化したわけではない。あえていえば、利用者補助金方式の準備が整ったというところであろう。

児童福祉法の改正は中途半端な改正であり、この点でいえば、社会福祉基礎構造改革は保育分野では貫徹していない。しかし法改正と前後して進められた保育分野の規制緩和によって改革は継続中である。その向かっている方向は、保育の民営化・市場化である。多様な保育サービスの供給を促進するために、次々と規制緩和が行われたのである。

◆多様化する保育サービス

児童福祉法改正と前後して、さまざまな規制緩和が行われた。いずれも保育所をつくりやすくすること、とくに公立保育所以外にも保育サービスの提供の場を拡大するための規制緩和である。つまり、保育所の民営化（のちには営利化）が進められたのだ。その結果として現在では、じつにさまざまな保育施設が存在する。

現存するさまざまな保育施設を大別すると、それらは、①公立保育所、②民間の認可保育所、③ベネッセ型の企業型保育所、④東京都にみる自治体独自の認証保育所、⑤ベビーホテル、⑥無認可保育所・共同保育所、ということになるであろう。このなかからここでは、最近の保育所の動向を現している①〜④についてみてみよう。

①と②は、戦後の保育政策のなかで保育を担ってきた主役の保育所である。しかし、その①のなかにも新しい動きがある。設置主体は自治体であるが、運営を民間に託すものが出現した。公立保育所をそっくり民間に移譲して民設民間型に切り替えるケースと、公立保育所の運営だけを民間に託すケースがある。その口火は堺市で切られた。堺市では三六カ所すべての公立保育所を民営化するという方針が打ち出され、その手はじめとして二〇〇一年度から二カ所が社会福祉法人に移管された。特徴的なことは、保育所の施設・備品は民間に有償譲渡され、土地は無償貸与という形をとったことである。こうした事例は現在では全国に広がりつつある。厚生労働省の調査によると、二〇〇二年度時点で公設民営型の保育所は三四九カ所に達したという。

③は、企業が保育所の運営に乗り出したケースである。公立保育所の運営を企業が受託するケース、企業が認可保育所を設立するケースなどがある。企業が公立保育所の受託先として名乗りを上げたケースの第一号は、三鷹市立東台保育所のベネッセの例であった（二〇〇一年四月）。これは二〇〇〇年

三月の厚生省通知「保育所の設置認可等において」により、企業の保育所参入が可能になったためである。その後、ベネッセだけでなく、ピジョンも同様の委託を開始した。企業が保育所運営に進出することは、保育所運営費が切り下げられたり、保育士の労働条件に変化を与えることになる。事実、ある企業の運営する保育所のスタッフはすべて一年更新の契約社員であったり、あるいは他社でも正社員は一人も雇用していないという報告がある。これも規制緩和により、短時間保育士の活用が導入されたことによる。企業が運営する保育所は、これからも増加すると予想される。

④は、待機児童の多い自治体が単独で始めた制度である。東京都では、認可保育所より緩和した独自の設置基準を設けて保育所を認証し、都と区市町村から補助金を出す制度を創設した。二〇〇一年の夏に第一号が出て、一年後の二〇〇二年の秋には一〇〇カ所を超えた。認証保育所では、「保育に欠ける」という入所要件がなく、利用希望者は個々に保育所と契約を結ぶ。保育料は国の徴収基準額を上限として自由に設定できるし、利益を出してもよい。保育の市場化に最も近いこのような保育形態は他の自治体にも飛び火し、増加の傾向を示している。

このような保育の多様化とは、次々に行われた規制緩和の結果である。それらは、保育所の定員の弾力化、設置主体の制限の撤廃、土地・建物の賃貸方式の許容、保育所の最低定員の引下げ、保育士配置の弾力化、分園方式の導入、調理の業務委託等々である。

◇子どものための保育とは

待機児童ゼロ作戦のかけ声のもと、まだ待機児童がゼロとはならないながら、確かに保育施設の「量」は増加した。多様な保育施設もそこここに見られるようになった。しかし、これらの増加が子どもの保育の「質」をともなった拡大であるかというと、必ずしも肯定できない。規制緩和の進行と軌を一にして進行した保育所の民営化・営利化では、まずはコスト比較論が優先されて、保育士の配置や労働条件、提供される保育の内容を問うことは後回しにされがちだからである。「量」も「質」もともなう保育所の拡大とは、保育所の民営化・営利化、あるいは今後向かおうとしている市場化のもとで確保できることなのだろうか。あるいは、二〇〇二年一〇月に内閣総理大臣の諮問機関である地方分権改革推進会議が出した答申「事務・事業の在り方に関する意見」のなかに示されたように、国の財政支出軽減のための幼保一元化の方向が志向されるのだろうか。

社会福祉基礎構造改革の進行のもとで、今までに経験したことのない事態が進行中である。それらは基本的には、社会福祉の民営化・営利化・市場化の方向に向かって進行している。老人福祉の分野では、二〇〇〇年四月の介護保険法の施行により、介護事業者は民間に委ねられ、自治体は介護サービスの提供者ではなくなった。これは介護保険の保険給付が利用者補助金制度の性格をもっているためであり、介護事業は独立採算の経営を強いられることになり、とくに公立・公営でなければならない理由はなくなった。その後を追うように、障害者福祉でも二〇〇三年四月から介護保険と同様な支援費制度が導入された。

しかし保育の分野では、今までに見てきたように民営化・営利化は進行しているものの、いまだ市場化にまでは進行していない。保育行政では、保育の実施責任が市町村に残されており、また公的な財政責任が認可保育所に対する運営委託費の支給という形で残っているからである。しかし、民営化・営利化の進行はさまざまな保育施設を生み出した。その一つである大企業が経営する保育施設は、一九七〇年代からアメリカに登場したチェーン店方式の保育施設を思い起こさせる。ハンバーガーやフライドチキンのチェーン店になぞらえて、「ケンタッキー・フライド・チルドレン」と揶揄されるそれらのうちの一つである「キンダー・ケア」は、全米四二州にわたって九〇〇カ所以上の保育所を展開し安価な保育を提供している。しかしそれらは人件費を極端に切りつめた結果であり、そこで提供される保育の質は、ファースト・フードの域を出るものではない。「子どものための最善の保育」を求めることが、保育制度改革の最終的な目的のはずである。

4 社会保障の構造改革　年金改革の向かう方向

◇急速に進む少子高齢化

急速に進行する人口の高齢化は、少子化の継続と相まって、社会のさまざまな局面に影響を与えている。高齢社会の到来とは、経済発展と医療技術の発展による長寿社会の実現であり喜ぶべき現象のはずなのだが、必ずしもそう受け取られているわけではない。長寿社会の出現は、少子高齢社会を前提としていなかった社会の仕組みとの間に齟齬を生じたのだった。高齢社会を支える新たな社会の仕組みをつくることが急務となったのである。社会保障という大きな傘の下で、社会福祉基礎構造改革、医療改革、年金改革がそれぞれ進行中である。ここでは、社会保障の大きな柱である公的年金について、その改革のポイントについてみてみよう。

公的年金制度は、五年に一度見直されることになっている。次に見直されるのは二〇〇四年度であり、その見直しに向けての議論がすでに高まっている。二〇〇四年度の見直しは、前回までの見直しとは違って大規模な改革になるとされているのだが、それには理由がある。二〇〇二年の一月に明らかにされた人口推計によると、二〇五〇年の出生率が一・三六、六五歳以上の人口が三五・七％と予測された。五年前の推計によると、出生率が一・六一、六五歳以上の人口が三二・三％であったので、予測を超えた少子高齢化が進行していることになる。年金制度は五年ごとの見直しによって、財政を見直して負担と給付を調整するのだが、高度経済成長期以降は基本的には保険料を値上げして、その一方で年金額をカットするという見直しを繰り返してきた。しかし、新人口推計が突きつけた少子高齢化の急速な進行は、従来の年金制度ではもう対応できないことを明らかにしたのだった。増加する高齢者の生活の安定を図り、かつ若い世代に不公平感を与えない、思いきった年金制度の改革が必要とされている。

◇ 改革のポイント

二〇〇三年の秋頃から改革議論が盛んになった。二〇〇四年の二月には政府の改革案がまとまり国会へ提出された。この国会での成立がめざされている（二〇〇四年三月時点）。今回の改革をめぐる議論とは次の点にあった。改革のポイントは、①基礎年金の国庫負担を現行の三分の一から二分の一へ引き上げること、②スウェーデン方式といわれる「保険料固定方式」の導入、③パート労働者など正社員以外への厚生年金適用の拡大、④専業主婦に対する制度や遺族年金の見直し、⑤高齢者就労を促す仕組みの導入、⑥保険料の徴収の強化、等である。ここでは、そのうちから議論の焦点である①から④を取り上げて説明することにする。

① 厚生労働省が二〇〇四年の改革の決め手と考えていたのは、基礎年金の国庫負担を現行の三分の一から二分の一へ引き上げることである。厚生労働省は公的年金の財源を確保するために、前回の見直しで保険料を引き上げたかったのだが、景気への悪影響を理由に引上げは凍結された。自営業者らが加入する国民年金の保険料は月額一万三三〇〇円に、サラリーマンらの厚生年金保険料は年収の一三・五八％（労使折半）に当面の間据え置くこととされたのだ。前回の年金改正法の付則には、「二〇〇四年までに行う基礎年金の国庫負担引上げと同時に凍結を解除する」と明記されている。ゆえに今回の見直しで基礎年金の国庫負担を引き上げることは、保険料の引上げを可能にするのである。保険料を一％引き上げれば一・六兆円の収入増となるので、年金財政は一息つく。しかし問題は、財政危機のなかで国庫負担の引上げに必要な二・五兆円の財源をど

う工面するかだ。消費税率にしてちょうど一%アップ分にあたる。坂口厚生労働大臣は消費税増税によってまかなうべきとの考えを示したが、小泉首相は在任中には消費税率を上げないとかねてから言明しているし、民主党は全額税負担で行うべきだという意見であり、財源の見通しはたっていない。それでもヒビの入った公的年金制度を再構築するためには、消費税を含めた税制とあわせて議論することは避けて通れない。政府の改革案は、二〇〇九年度までに国庫負担分を二分の一に引き上げるとしたが、その財源は明確にされていない。

② 保険料を将来、たとえば年収の二〇%で固定し、その範囲内で年金を支給するという構想である。経済が安定して少子化に歯止めがかかれば、二〇%の保険料で現役の平均年収の六割の年金も可能となるが、成長率や出生率が下がれば自動的に調整して年金額をカットする。こうした自動財政均衡メカニズムを導入することで、従来のように政治の力関係で給付が上積みされたりする「政治リスク」がなくなり、恒久的改革になるというもの。このように負担を固定して給付で調整するアイデアは、一九九九年にスウェーデンの年金改革で採用され、スウェーデン方式と呼ばれる。ただ、保険料を今の年収の一三・五八%で固定すると年金は現行水準より四割も減る。このため厚生労働省は、今後も段階的な保険料の引上げは必要だとしているが、最終保険料の水準がどのくらいになるかが今後の焦点であった。今回の改革案では、二〇〇四年一〇月から毎年〇・三五四%ずつ引き上げ、一七年度に一八・三〇%で固定される。

③ パート労働者の厚生年金加入も改正のポイントであった。現在は、年収一三〇万円以上で、労

働時間が正社員の四分の三以上の人だけが厚生年金の保険料を払っている。これを年収六五万円以上、労働時間を正社員の二分の一に引き下げる案が議論された。女性の労働力化を促し、年金の支え手を広げることができる。しかし、後述するような専業主婦をめぐる「是非論」とも関連して調整は難しく、今回の改革案からははずされた。

④ 今は保険料が免除されている専業主婦の扱いや、離婚した場合の年金分割なども論点であった。今回の改革では専業主婦の扱いには手がつけられなかったが、離婚時の年金分割ができる案が盛り込まれた。

◇専業主婦優遇策の創設

今回の見直しの論点の一つである「女性と年金」については、一九九〇年代後半から改革へ向けての議論が始まった。年金制度には、サラリーマンに扶養されている配偶者は本人の保険料負担なしで基礎年金を受給できるという第三号被保険者の制度があり、専業主婦優遇策といわれている。また、年金と関連して税制も専業主婦を優遇しているために、働く女性が増加し自分自身の年金をもつ女性が増加するなか、改革を求める声が高まったのだった。

国民年金制度が発足したのは一九六一年。専業主婦や学生は任意加入であったが、国民年金制度発足から二五年を経た一九八五年に雇用者の妻の年金についての改革が行われた。サラリーマンの妻の国民年金任意加入を廃止し、国民年金制度の強制適用の対象として、独立した年金の受給者としたのである。妻は、被扶養配偶者であることを届け出ることによって年金加入が確認され、保険料は払わなくてもよい。サラリーマンの妻には所得がないため、この改革は主婦の年金権を確立するための一定の理由があるともいえるが、他方、自営業の妻は、たとえ収入がなくても保険料を負担しているし、離婚した女性、母子家庭の母などは保険料を負担している。学生もまた、一九九一年四月から収入がなくとも満二〇歳になれば保険料を負担している。これらサラリーマンの妻たちの保険料は、夫の雇用者年金の財源から拠出されるので、他の働く独身者、共働き男女が負担していることになる。

また、年金制度と同様に税制も、専業主婦優遇政策がとられている。妻がパートで働き、その年収が一〇三万円以下であると、給与所得控除額（最低六五万円）を差し引いた残額が基礎控除（三八万円）以下となるので、所得税はかからない。そして夫は、配偶者控除（一律に三八万円）を受けることができる仕組みになっている。そして多くの場合、企業独自の扶養手当を受けられる。子どもとともに扶養控除に位置づけられていた配偶者の控除が、一九六一年に独立したものである。しかし収入が少し増えると世帯としては減収となるために、一九八七年に配偶者特別控除が新設された。配偶者特別控除額は妻の所得によって変動するが、最高額は三八万円である。この控除は、給与所得となるパート収入であれば収入が一〇〇万円を超えていても、一四一万円未満であれば受けることができる。

これらの税制による優遇を受けるため、パート労働に出た多くの妻たちは、収入が一〇三万円を超えないように働き方を調整する。結局、配偶者控除も配偶者特別控除も女性の賃金についてのふたをし、女性をパート労働者として固定化させる役割を果たしている。雇う側には低賃金の大義名分となり、社会保険料の企業負担分も免れることができる。一九八〇年代半ばには、男女雇用機会均等法が代表するような、女性を労働市場に送り出す法が整備された一方で、「男は仕事、女は家庭」という性別役割分業を維持・強化するこのような年金制度や税制が整備されたのである。

年金制度・税制の不平等については、一九九〇年代半ばから改正へ向けた動きがみられるようになった。一九九五年に社会保障制度審議会は、それまでの社会保障制度見直しの総まとめとして、三三年ぶりに「社会保障体系の再構築――安心して暮らせる二一世紀の社会を目指して」と題する「勧告」を内閣総理大臣に提出した。この「勧告」のなかで、社会保障制度を世帯単位中心から、できるものについては個人単位に切り替えることが望ましいこと、国民年金制度の第三号被保険者や税制上の配偶者控除の制度を中立になるように見直すこと、と勧告している。第三号被保険者や税制の改革について、その後政府からいくつかの勧告や答申が出されるのだが、本勧告がその嚆矢《こうし》であった。一九九六年七月に内閣総理大臣の諮問機関である男女共同参画審議会は、約二年間の審議の結果を答申したが、そのなかで配偶者に関わる税制、社会保障制度の検討・見直しがあげられた。

◆ 世帯単位から個人単位へ

二〇〇〇年七月に厚生省は、女性の生き方が多様化した時代に合った年金制度を考えるために、「女性の年金検討会」を開始した。二〇〇一年末には検討会が提言をまとめた。専業主婦にも何らかの保険料負担を求めるなど、女性の生き方によって損・得が出る現在の仕組みを改めようとする内容の提言である。主たる内容は次のとおりである。

① 年金モデルを変更すること――厚生年金の給付モデルは、夫が四〇年間働き、妻は一度も働いたことのない世帯を想定し、男性サラリーマンの平均月収の六割になるように定められている。これを妻も働き、厚生年金をもらっているという前提で設計し直す。

② 第三号被保険者の制度を見直すこと――第三号被保険者の制度を見直し、夫が妻の分も上乗せして支払うなど六案が併記された。第三号被保険者の制度を廃止することは、対象となる専業主婦も多く影響が大きいために、何らかの負担を求めるいくつかの方法が模索されたのである。一案としての上乗せ案によると、専業主婦の夫の保険料率を一九・三％（現在一七・三五％）にし、単身者や共働きの保険料を一六％に下げるという試算がある。

③ パート労働者にも厚生年金を拡大すること――加入要件を勤務時間で正社員の四分の三以上から二分の一以上に、年収要件を一三〇万円以上から年収六五万円以上に緩和する。

年金改革に先だって、二〇〇三年三月に、通常国会で所得税法の一部を改正する法律が成立した。二〇〇四年度分の所得税から、配偶者控除に上乗せして適用される配偶者特別控除（最高三八万円）を廃止することが決まった。今回廃止されたのは配偶者特別控除だけであるが、いずれは配偶者控除も廃止するのか、さらに年金改革での第三号被保険者を対象とした改革にまで進むのだろうか。すぐには実現しないだろうが、少しずつながら社会保障の個人単位化の方向へ進みつつあるようだ。

参考資料(1) 社会福祉の概要と仕組み

資料1－1　社会福祉の仕組み

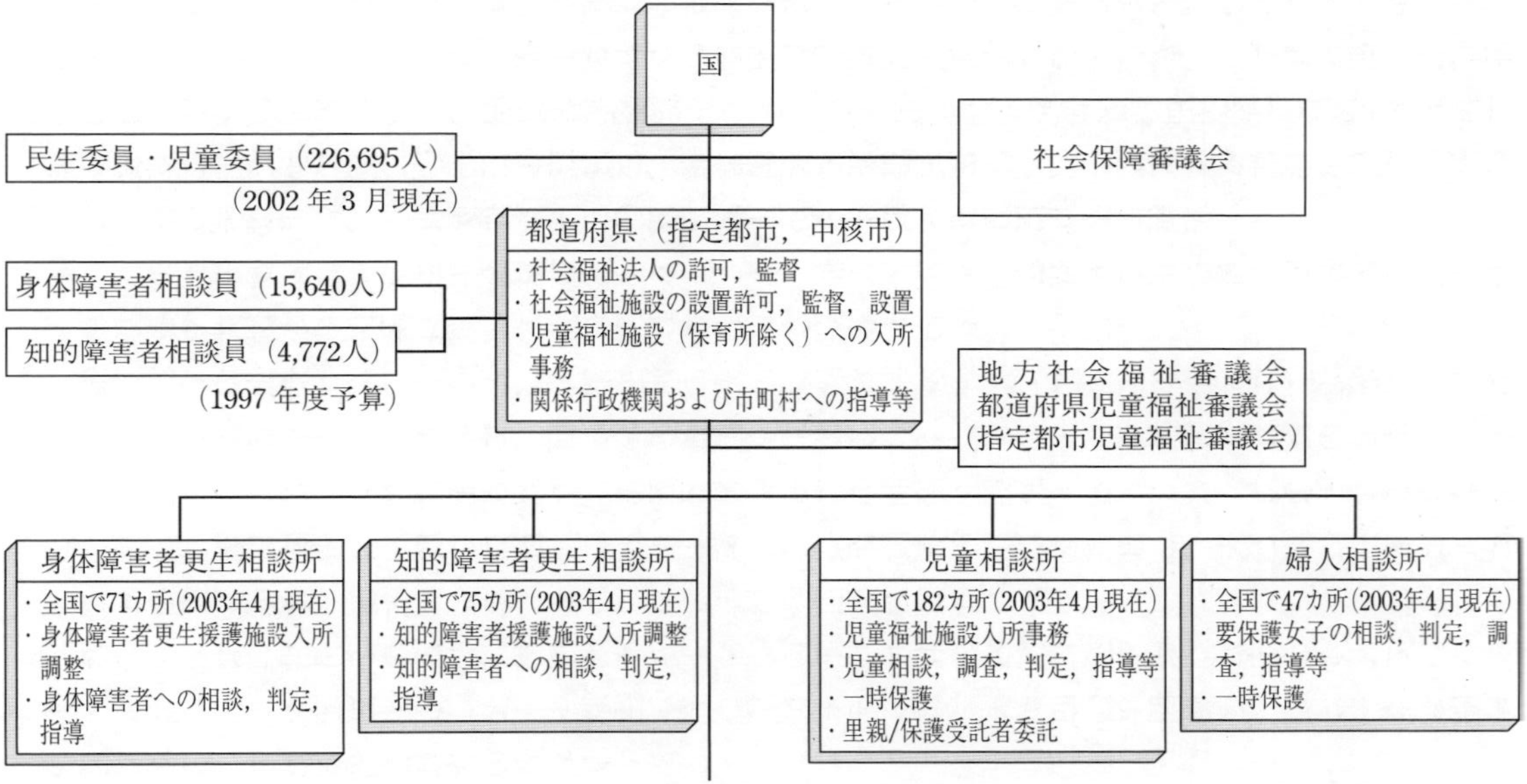
国
社会保障審議会
民生委員・児童委員（226,695人）
（2002年3月現在）
都道府県（指定都市，中核市）
・社会福祉法人の許可，監督
・社会福祉施設の設置許可，監督，設置
・児童福祉施設（保育所除く）への入所事務
・関係行政機関および市町村への指導等
身体障害者相談員（15,640人）
知的障害者相談員（4,772人）
（1997年度予算）
地方社会福祉審議会
都道府県児童福祉審議会
(指定都市児童福祉審議会)
身体障害者更生相談所
・全国で71カ所(2003年4月現在)
・身体障害者更生援護施設入所調整
・身体障害者への相談，判定，指導
知的障害者更生相談所
・全国で75カ所(2003年4月現在)
・知的障害者援護施設入所調整
・知的障害者への相談，判定，指導
児童相談所
・全国で182カ所(2003年4月現在)
・児童福祉施設入所事務
・児童相談，調査，判定，指導等
・一時保護
・里親/保護受託者委託
婦人相談所
・全国で47カ所(2003年4月現在)
・要保護女子の相談，判定，調査，指導等
・一時保護

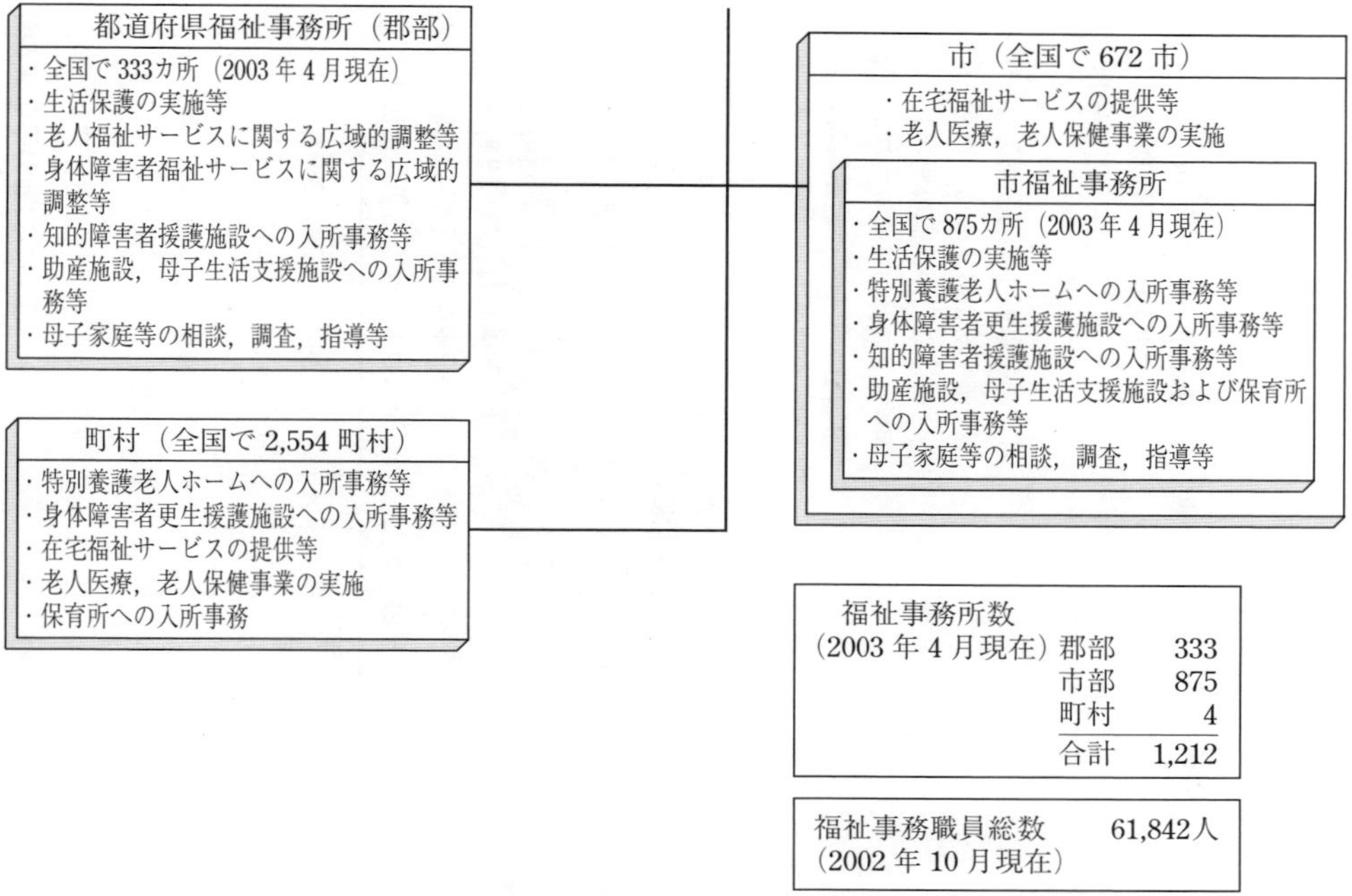
都道府県福祉事務所（郡部）
・全国で333カ所（2003年4月現在）
・生活保護の実施等
・老人福祉サービスに関する広域的調整等
・身体障害者福祉サービスに関する広域的調整等
・知的障害者援護施設への入所事務等
・助産施設，母子生活支援施設への入所事務等
・母子家庭等の相談，調査，指導等
町村（全国で2,554町村）
・特別養護老人ホームへの入所事務等
・身体障害者更生援護施設への入所事務等
・在宅福祉サービスの提供等
・老人医療，老人保健事業の実施
・保育所への入所事務
市（全国で672市）
・在宅福祉サービスの提供等
・老人医療，老人保健事業の実施
市福祉事務所
・全国で875カ所（2003年4月現在）
・生活保護の実施等
・特別養護老人ホームへの入所事務等
・身体障害者更生援護施設への入所事務等
・知的障害者援護施設への入所事務等
・助産施設，母子生活支援施設および保育所への入所事務等
・母子家庭等の相談，調査，指導等
福祉事務所数（2003年4月現在）
郡部 333
市部 875
町村 4
合計 1,212
福祉事務職員総数（2002年10月現在） 61,842人

（出所）　厚生労働省『平成15年版 厚生労働白書』2003年。

造改革の全体像について

(3) 改革の具体的方向

(a) 利用者の立場に立った社会福祉制度の構築

① 福祉サービスの利用制度化

行政が行政処分によりサービス内容を決定する措置制度	⇨	利用者が事業者と対等な関係に基づきサービスを選択する利用制度

＊利用制度になじまない制度については，措置制度を存続

② 利用者保護制度の創設

・地域福祉権利擁護制度

・苦情解決の仕組み

(b) サービスの質の向上

① 良質なサービスを支える人材の養成・確保

② 第3者によるサービスの質の評価の導入

③ 事業の透明性の確保

(c) 社会福祉事業の多様化・活性化

① 社会福祉事業の範囲の拡充

② 社会福祉法人の設立要件の緩和

③ 多様な事業主体の参入促進

④ 社会福祉法人の運営の弾力化

(d) 地域福祉の充実

① 地域福祉計画の策定

② 社会福祉協議会，民生委員・児童委員，共同募金の活性化

(出所) 厚生省社会・援護局企画課監『社会福祉基礎構造改革の実現に向けて——中央社会福祉審議会 社会福祉構造改革分科会 中間まとめ・資料編』等を参考にして著者作成。

資料1－2　社会福祉基礎構

(1)　改革の必要性

福祉を取り巻く状況		社会福祉制度
・社会の変化に伴う福祉需要の増大・多様化 ・国民全体の生活の安定を支える福祉への期待 ・信頼と納得の得られる質の確保と効率化の必要性	⇔	・基本的枠組みを50年間維持 ↓ 〈時代の要請にそぐわない〉 ・低所得者等を対象にした行政処分による一律のサービス提供 ・福祉事務所等の役割が地域の福祉需要に対応していないこと

⇩

社会福祉の基本構造を抜本的に改革

(2)　基本的考え方

改革の基本的方向
①　サービスの利用者と提供者の対等な関係の確立
②　個人の多様な需要への地域における総合的支援
③　信頼と納得が得られるサービスの質と効率性の確保
④　幅広い要望に応える多様な主体の参入促進
⑤　住民の積極的な参加による豊かな福祉文化の土壌の形成
⑥　情報公開等による事業運営の透明性確保

⇩

社会福祉の理念
・自己責任に委ねることが適当でない問題に社会連帯に基づく支援 →　自己実現と社会的公正

第2章

女性政策の変化と進行

1　男女雇用機会均等法の改正とセクシュアル・ハラスメント

流行語大賞から一五年たって

◇ 男女雇用機会均等法の改正

一九九九年四月一日から、改正均等法（正式名は、「雇用の分野における男女の均等な機会及び待遇の確保等に関する法律」）が施行された。一九八五年に成立した均等法の改正は、一九九七年六月の国会で可決成立し、一九九九年四月一日施行とされたのだった。改正均等法と同時に、女性労働者に対する時間外・休日労働、深夜業を規制していた労働基準法も改正されて施行された。均等法が改正された背景には、この十数年間で働く女性の数も分野も広がったにもかかわらず、依然として女性が男性と均等な取扱いを受けていない現状があり、均等法を強化することが求められたからである。

均等法は一九八五年の成立時から、募集・採用、配置、昇進における女性差別の防止が事業主の努力規定であること、紛争を解決するための調停を行う機会均等委員会が十分機能していないこと等、その効力が懸念されてのスタートだったが、この改正でそれらの弱点については法の実効性を確保する措置が取られた。また、新しい課題への対応も加えられた。職場でのセクシュアル・ハラスメントを防止するために、使用者に対して雇用管理上の配慮義務を課する規定が設けられたことがそれである。

改正均等法は二一条で、職場において行われる性的な言動によって、雇用する女性労働者が労働条件において不利益を受けたり、または就業環境が害されることのないよう、事業主に雇用管理上必要な配慮をすることを求めた。そして、研修、啓発、相談窓口の設置、迅速な対応などの労働大臣指針を示した。この二一条には罰則規定はないが、事業主に職場におけるセクシュアル・ハラスメントの防止を義務づけ、それが起きた場合、責任は事業主にあると法的に認めたことの意義は大きい。

一九八五年に成立した均等法には、むろんセクシュアル・ハラスメントに関する条項はなかった。それどころか当時では、セクシュアル・ハラスメントという言葉さえ一般的ではなかった。しかし言葉がなかっただけで、働く女性たちはずっと以前から労働の場における性的な嫌がらせや労働権の侵害を受けていた。それにもかかわらず、それは名前さえもたない「見えない」問題だったのだ。均等法が施行されてから一七年。改正均等法にセクシュアル・ハラスメントの条項が加えられた背景には、働く女性の権利を守る女性たちの運動の広がりと、その運動が支持したいくつかの裁判などにより、セクシュアル・ハラスメントが「見える」問題になったことがあげられる。

◆一九八九年の流行語大賞は「セクハラ」

セクシュアル・ハラスメントという言葉は、二十数年前にアメリカの女性運動のなかから生まれた言葉である。アメリカでは一九七〇年代後半から訴訟に持ち込まれ、公民権法七章に違反すると判決されたセクシュアル・ハラスメントのケースが急増した。一九八〇年に「雇用機会平等委員会」（EEOC）はセクシュアル・ハラスメントのガイドラインをつくり、「代償型」と「環境型」の二つのタイプはともにセクシュアル・ハラスメントであることを示した。上司から性的関係をもつよう要求され、それに応じることが昇格の条件とされることなどが「代償型」であり、性的な言動やヌード・ポスターを貼ることなどが繰り返されることで労働環境が悪化することが「環境型」である。

日本でセクシュアル・ハラスメントという言葉が聞かれるようになったのは、一九八〇年代後半からであるが、当時は一部の研究者や関心をもつ人だけが知っていたにすぎなかった。しかし一九八九年に、セクシュアル・ハラスメントという言葉は突然に「ブーム」を巻き起こす。各メディアは競ってセクシュアル・ハラスメントを取り上げ、その際使用された「セクハラ」という言葉は、年末の日本新語・流行語大賞の新語部門で金賞を受賞した。一九八九年に、いったい何があったのだろうか。

一九八九年八月に、初のセクシュアル・ハラスメント裁判といわれた「福岡セクシュアル・ハラスメント事件」が提訴された。学生アルバイト情報誌の発行を中心とする出版社で働いていたA子さんは、しだいに重要な仕事を任されるようになる。それに対して男性編集長はA子さんに関するよくない噂を流す。「不倫をしている」「生活態度が乱れている」「セックスが激しい」……。もちろんA子さんは抗議をしたが、職場での対立が問題となり、上司らはA子さんに退職を要請する。やむなく会社を辞めたA子さんは、編集長と、彼の言動に対して適切な処置をとらなかった会社を相手取って裁判を起こした。「環境型セクハラ」を提訴したはじめてのケースであった（ちなみに同裁判は、一九九二年四月に福岡地裁で判決が出され、裁判所は編集長の責任と、編集長の使用者としての会社の責任を認め、一六五万円を支払うことを命じた。晴野まゆみ『さらば、原告A子——福岡セクシュアル・ハラスメント裁判手記』)。

この裁判の提訴を契機として、各マスコミはいっせいにセクシュアル・ハラスメントを取り上げた。それはたとえば『日経ウーマン』が読者アンケートを行ったように、セクシュアル・ハラスメントの実態や女性たちの声を取り上げたものもあるが、からかいや揶揄を含めて「セクハラ」を取り上げたもののほうが圧倒的に多かった。流行語大賞を受賞するほどに「セクハラ」という用語を世に広めたのは、皮肉なことにそれを茶化したり、問題をすり替えた週刊誌などの男性メディアであった。「セクハラをされているうちが花」「ブスで仕事のできない女の言いがかり」「ブスがセクハラを言い立てる」(『週刊現代』『週刊ポスト』『週刊文春』)といった枚挙にいとまがない男性メディアからの一斉攻撃の背後には、「こんなこと」がセクシュアル・ハラスメントであるはずがない、あってはたまらないという、男社会の「常識」が存在したのである。結果として「セクハラ」が多くの人に知られる言葉とはなったのだが、「セクハラ」とはセクシュアル・ハラスメントの略語というよりはこのようなメディアによる造語であるため、それ自体が差別的だとして使用を避ける人もいる。

◆女性たちの運動とネットワークの広がり

一九八九年に男性メディアによって不本意な伝え方がされた「セクハラ」ではあったが、マスコミによる一時のブームで終わらなかった。労働の場での女性の抱える問題についての運動が展開されたからである。すでに一九八〇年代の終わり頃から、セクシュアル・ハラスメントをめぐる女性たちの運動が始まっていた。均等法が成立したあと、「均等法に異議あり！」として均等法の改正の検討を始めた女性たちのグループから運動は開始された。「働くことと性差別を考える三多摩の会」は、勉強会のなかで出会ったデトロイトの女性団体が出版したパンフレットを翻訳し、一九八八年に「性的いやがらせをやめさせるためのハンドブック」という小冊子として出版した。セクシュアル・ハラスメントという言葉に出会ったとき、今まで胸のなかにひっかかっていた不快なこと、働きづらさがやっと言葉を見つけた気がしたことが出版の動機であったという。同会は、一九八九年末から、「セクシュアル・ハラスメント一万人アンケート」を開始した（一九九一年に学陽書房から、『働く女の胸のうち――女六五〇〇人の証言』として出版）。また「福岡事件」に先立ついくつかの裁判――「西船橋駅転落死事件」（一九八六年）や「山形交通解雇無効確認事件」（一九八七年）を支持する女性たちの運動のなかからも、セクシュアル・ハラスメントという考え方は広まった。このような運動の広がりがあったからこそ、「福岡事件」は提訴されたということもできるだろう。

「福岡事件」のあと、セクシュアル・ハラスメント裁判は次々に提訴された。それらの裁判を支持する女性たちの運動も大きく広がり、一〇〇件近くになるセクシュアル・ハラスメント裁判のほとんどは原告側の言い分が認められている。労働省は一九九三年の『女子雇用管理とコミュニケーション・ギャップに関する研究会報告』のなかで、はじめてセクシュアル・ハラスメントを次のように定義した。「相手側の意に反した性的な性質の言動を行い、それに対する対応によって仕事を遂行する上での一定の不利益を与えたり、またはそれを繰り返すことによって就業環境を著しく悪化させること」。最近の裁判では、東北大学の大学院の助教授に性関係を強いられるセクシュアル・ハラスメントを受けたとして同大学院の助手だった女性が一〇〇〇万円の損害賠償を求めた訴訟の判決で、仙台地裁は原告の主張をほぼ全面的に認め、被告に慰謝料として七五〇万円の支払いを命じた（一九九九年）。それまでの裁判による賠償額は三〇〇万円台で、これは過去最高の損害賠償額である。控訴審判決でも、仙台高裁は二〇〇〇年七月に九〇〇万円（七五〇万円＋弁護士費用）の支払いを命じた。

またセクシュアル・ハラスメントは職場だけでなく、男女の権力関係が存在する他の場所でも起こることが認識され、学校教育や大学のなかでも取組みが始まった。一九九七年には「キャンパス・セクシュアル・ハラスメント全国ネットワーク」が結成された。現在、大学教職員・学生を中心に全国で約四〇〇名の会員がいる。全国集会やブロック例会を通して、大学、学校をセクシュアル・ハラスメントと性暴力のない平等で安全な環境にする活動に取り組んでいる。

◆セクシュアル・ハラスメントを防ぐために

改正均等法の施行と同時に、非現業一般職を対象に公務職場におけるセクシュアル・ハラスメントの防止を目的とした人事院規則も施行され、企業や自治体はセクシュアル・ハラスメントへの対応策を求められることになった。セクシュアル・ハラスメントに対応するためのセミナーがたびたび開かれ、社内向けのマニュアルを作成したり、苦情処理窓口を設けた企業もある。一九九九年二月に日経連出版部から出版された『セクハラ防止ガイドブック』は、九万部も売れたそうである。セクシュアル・ハラスメント対策に取り組むことに、企業がやっと腰を上げたのである。

その契機となった改正均等法にも、問題がないわけではない。罰則規定がないこと、また改正均等法の規定は、「職場におけるセクシュアル・ハラスメント」という文言になっているため、「職場内」「勤務時間中」のように狭く解釈されがちである。しかし、アフター・ファイブの接待や飲み会、送っていく途中でセクシュアル・ハラスメントが行われることも多く、「時間外」にも職場での関係が持ち込まれがちな日本の職場環境においては、「職場内」を広く解釈して配慮義務の対象とする必要があるだろう。また企業の対策が、米国三菱自動車の轍を踏まないようにするためのリスク・マネージメントの発想になりがちであるが、「防止」することだけではなく、それを生み出さない土壌づくり——女性を対等な労働の場のパートナーとして認めること、女性の人権を尊重すること——が何よりも求められているはずである。

被害者である女性に「自分が悪い」と思わせる性差別的な意識や環境があること、女性を雇用の安全弁や男性の補助職とみなす男性中心の社会や企業の在り方を見直し、セクシュアル・ハラスメントをなくすことだけでなく、ジェンダー・ハラスメント（女は女らしく、お茶くみや補助職は女性にとった性別役割分業）をなくすことへと流れを変えること、改正均等法がそのための契機とされたのである。

2 雇用の女性化の進行

女子学生の就職戦線異状あり

◆「超氷河期」が続く理由

ここ数年、就職活動をする学生にとっての「超氷河期」が続いている。厚生労働省の発表によると、二〇〇三年の春に大学を卒業した就職希望の学生の就職率は九二・八％（男子九三・二％、女子九二・二％）と、二〇〇二年の春の九二・一％（男子九二・五％、女子九一・五％）よりも多少増加したものの、一九九六年に調査を開始して以来、九二％台の数字が続いている。このような就職難は男女どちらの学生も影響を受けるのだが、とくに女子学生にとって厳しいことは、たびたびニュースなどで報道されているとおりである。男子学生よりも女子学生のほうが就職が難しいという現実は、何も今さら始まったことではないにもかかわらず、なぜ今、いっそう厳しいのだろうか。最近の女子学生の就職難とは、たんに景気変動の影響によるものではなく、一九九〇年代に入ってますます加速した雇用システムの変化という構造的な理由に依っている。ゆえに一時的な現象ではなく、また仮に景気がよくなったとしてもすぐに回復するというものではない。

一九九五年五月に日経連は、『新時代の「日本的経営」――挑戦すべき方向とその具体策』を発表した。この報告書のなかで、日本企業が経済の長期不況とグローバルな国際競争に勝ち抜くためには、これまでの「正規雇用・長期勤続・年功的処遇」を標準モデルとする日本的雇用慣行を転換し、「人材のフレキシブルな活用」と「能力・業績（成果）重視の人事処遇」を行うことを強調した。そして、これからの企業が活用すべき労働者類型を「長期蓄積能力活用型」「高度専門能力活用型」「雇用柔軟型」の三つのタイプに分け、その効果的な活用を打ち出した。女性は従来から「雇用柔軟型」に位置づけられてきたが、今後はいっそうその戦略的役割が期待されることになった。このような日経連の提起を受けて、多くの企業では男女正社員の削減と、派遣・パート・契約社員などフレキシブルな雇用が積極的に導入されつつある。また、このような企業の人事管理制度の改革と相まって、女性労働の多様化をいっそう促進する一連の労働法制の規制緩和が行われた。

このような「労働ビッグバン」の対象には男女ともがなるのだが、女性のほうが対象にされることが多いことはいうまでもない。女子学生にとっての「超氷河期」とは、今までにない大規模な「労働ビッグバン」が進行中であり、女性たちがその最前線に立たされていることを意味している。

◇ 女子学生にとっての人気職種

女子学生の就職難が、雇用システムの変化がもたらした構造的な理由であることを知るために、彼女たちにとっての人気職種のここ数年の変化をみてみよう。まず、人気第一位といってもいい職種にスチュワーデスがある（ちなみに、学生の間では「スッチー」という）。スチュワーデスという職種は、競争が激しいために今までもなかなか就きにくい仕事ではあったけれども、今や現実には存在しない職種になったようである。一九九四年に日本航空の関連会社である日本アジア航空で、その後日本航空、日本エアシステム、全日空等で「契約スチュワーデス」（短期契約制客室乗務員）が導入されて以降、国内民間航空会社八社の採用はすべて「契約スチュワーデス」に限られたからである。一九九四年に発表された日本航空と全日空の構造改革に関するリストラ計画と、同年の航空審議会答申は人件費削減を大きな柱とし、正社員でない客室乗務員の雇用を盛り込んだ。日本航空、日本エアシステム、全日空三社の採用数の推移をみると、導入時には四％だった「契約スチュワーデス」は、三年後の一九九七年には三六％になった。

「契約スチュワーデス」とは、「一年契約二回更新」で雇用され、三年後に本人の希望、適性、勤務成績を勘案して正社員に切り替えられる可能性はある。給与は出来高払いの時間給で、賞与を合わせて年収約二五〇万円。正社員のスチュワーデスより約一五〇万円少ないという。つまり今では、スチュワーデスという職種はないわけではないけれども、それは従来のスチュワーデスとは「異なる職種」である。かつて三〇歳定年制や結婚退職制があるなかで現行のような働く権利を獲得してきた、女性にとって安定した働きやすい職種が一つ消滅したのである。

次いで人気のある職種として、総合商社があげられるだろう。これも現在ではスチュワーデスと同様に、ほとんど実在しない職種となった。一九九六年に三菱商事が女性事務職である「一般職」の新卒採用を原則廃止したことが発端であった。一九八六年に施行された男女雇用機会均等法に三カ月遅れて施行された労働者派遣法は、コンピュータ・プログラマー、通訳等一六業務に限って許可制で労働者派遣を認めた（一九九五年に二六業務に拡大された）。それまでは職業安定法違反の疑いをかけられながらも事実上増大してきた派遣労働が、一定の枠を設けて認められたのである。その結果、均等法を有効に「活用」するためには、基幹労働力として男性と同等に働く女性を少数雇用し、その他の労働力は派遣労働で補えばいいと考える企業が出てきても不思議ではない。募集や研修費用、社会保険の負担も節減できる。事実、一〇〇％出資の子会社として人材派遣会社を設立し、自社の補助労働のプールとする企業も出現した。三菱商事に続いて、大手総合商社は次々に「一般職」の採用を中止した。

むろん均等法があるのだから、女性も「総合職」として総合商社に入社することはできる。「総合職」の正社員として、男性と肩を並べて仕事をする女性もいないわけではない。しかし、今まで女子大生の総合商社での「受け皿」となっていた「一般職」は消滅し、彼女たちがこなしていた仕事は、多くは派遣という安価な労働力に置き換えられたのである。

◆労働者派遣法の進展

「新・日本的経営」戦略がめざした、雇用の多様化による「人材のフレキシブルな活用」は、女性に顕著に出現しつつある。女性雇用者のうち、非正規社員（パート・派遣・嘱託等）は四七・一％（男性一三・九％、二〇〇二年）。つまり、働く女性の約二人に一人は、パート・派遣・臨時・契約といった雇用形態で働いている。むろん男性も雇用の多様化の対象ではあるのだが、男性の非正規雇用比率はおよそ一割強でしかない。雇用の多様化とは、雇用の女性化＝女性労働の周辺化であるということができるだろう。従来から、女性は男性に比べて不利な働き方をしていたのだが、最近その傾向は一時退職した中高年の女性だけでなく、新規学卒者や若年層の女性にも広がった。パート労働が家事・育児を担った中高年既婚女性が多数を占める働き方だとすると、派遣労働は若年未婚女性の働き方として「定着」しつつある。

一九九九年六月に労働者派遣法の改正が可決成立した（施行は同年一二月一日から）。これにより、これまでＯＡ操作など二六業務に限られていた派遣対象業務に、港湾運送・建設・警備など業者による法外なピンハネが多発しかねない「不適切な業務」を除いて自由化するネガティブ・リスト方式が取り入れられた。ソフトウエア開発、通訳など「専門的な業務」の二六業務だけを認めていた従来の方式（ポジティブ・リスト方式）に比べて、対象業務はほぼ全面的に自由化されたことになる。派遣期間の上限は、現行の二六業務については従来どおり三年（上限一年、二回の更新可能）を踏襲するが、新たに自由化された業務については上限を一年間とし、更新を認めない。引き続き従事させる場合は、直接雇用の努力義務が生じる。この主旨は、派遣期間が一年を超えるならば正社員として雇うことを求めることにあるという。しかしこのルールは一方で、派遣社員を一年で切る口実を派遣先に与えることにもなる。いずれにしても一九九九年の法改正により、新・日本的経営に沿う雇用の多様化は、いっそうの拍車がかけられることになった。

そのような懸念があるにもかかわらず、派遣労働という働き方は若い女性を中心に広まりつつある。

派遣で働く人は約二一三万人といわれるが（二〇〇二年）、東京都が二〇〇二年に行った派遣労働者実態調査によると、派遣労働者の約八六％が女性で、最も多い年代は二五歳から二九歳。派遣労働の主たる担い手は若い女性なのである。そして調査はまた、派遣労働の実態を明らかにしている。年収は「二〇〇万円―二五〇万円未満」が最も多く二一・九％を占め、「一〇〇万円未満」が一三・六％、「四〇〇万円以上」は五・一％にすぎない。約半数が社会保険に加入していない。派遣の仕事を選んだ理由としては、「自分の都合に合わせて働ける」と「正社員として働ける企業がない」がともに四三・八％。前回調査の一九九八年では「正社員として働ける企業がない」は三七・一％であったので、好んで派遣で働くというよりも、正社員として働けないから派遣で働いているという傾向が強くなったことがわかる。今後の希望としては、「正社員として働きたい」（三七・二％）が、「派遣の仕事を続けていきたい」（二六・一％）を上回った。

派遣労働という働き方が登場した一九八〇年代後半には、一つの会社に属さないため人間関係の煩わしさがない、自分の生活スタイルに合った働き方が選べることが若者を中心に受け入れられたともいわれたが、最近の様子はかなり違うようである。「会社に縛られない新しい働き方」とは人材派遣会社の「売り」ではあるけれども、正規の仕事に就きにくい女性にとっては何も新しい働き方ではなくて、パート労働と同様に不安定な働き方の選択肢の一つにすぎないのである。

その後、労働者派遣法はさらに改正された。二〇〇三年六月に改正法が成立し、二〇〇四年の三月から施行された。一年の派遣期間の上限を一年から三年に延長すること、専門性が高い二六業務については派遣期間の上限が三年であったが期間制限を撤廃すること等、いっそう柔軟な雇用形態が取り入れられるようになった。

◇女子学生の就職戦線

このような雇用をめぐる大きな変化のなかで生じた女子学生の就職難の要因とは、まず第一に、進行中の雇用の多様化が、従来の性別役割分業をあくまでも前提として進行していることにある。一九八〇年代までに形成された働き方とは、性別分業システムを土台にした働き方であった。男性を稼ぎ手とし（有償労働）、女性を家事・育児の担い手とする（無償労働）性別分業家族を前提として成り立つ構造である。夫がモーレツサラリーマンとして早朝から深夜まで働くことができるのは、家庭内の役割を引き受ける主婦がいてこそであり、女性が働く場合にパートにならざるをえないのは、主婦役割を課せられているからである。

一九九〇年代の雇用システムの改革が、基本的にはこの構造を変えることなく進められたところに問題がある。したがって男女雇用機会均等法以降の女性労働の戦力化とは、一定の機会の拡大をもたらしはしたが、一方で雇用の多様化にともなって平等よりも不安定雇用を拡大したのである。このような状況下では女性の働き方は、男性並みに基幹労働力として働く一部の女性と、多様な働き方をする多くの女性とに、二極分解することになる。このような状況から脱出するためには、長期的な視野からみると、ジェンダーによる差別の是正を視野に入れた労働力の再編成が必要とされる。

しかし短期的な見方をすれば、女子学生たちはこの就職難を何とか乗り切らなければならない。そのために女子学生たちに必要なことは、働くことは女性の人生にとってほんの一時期のことではなく、長期にわたって関わり続ける問題であるという認識のうえに立って、「どう働くのか」「なぜ働くのか」といった「仕事観」をしっかり確立することである。

ここ数年の就職活動は、今までとはかなり様変わりした。一九九七年に就職協定が廃止されて以降、学生と企業の就職をめぐる活動状況は大きく変化した。「インターネットを利用した情報提供・資料請求などの受付」「応募時に志望動機や自己PRなどを詳しく書かせるエントリー・シートの導入」「選考とは関係のない早期のオープン・セミナーの開催」は、採用活動のスタンダードとしてほぼ定着した。また、就職戦線の早期化も定着し、二月初旬からセミナーがスタートする。一方で、新年度にこだわらず年間を通じての求人を行う企業も増えてきた。このような傾向のもとでは、インターネット等の新しい方法を有効に利用して、早期に、恒常的に情報を収集すること、かつ自分の「仕事観」を表現できることが必要なのである。企業側も、主体的な「仕事観」をもった、意欲ある女子学生を積極的に採用してほしいものである。

3 男女共同参画社会基本法と女子マラソン

男女平等への取組みは、ゆっくり、しっかり、長期戦で

◇国連主導による性差別是正の動き

二〇〇〇年の六月に、約一九〇カ国の政府代表が集まる国連女性特別総会「女性二〇〇〇年会議」が、ニューヨークの国連本部で開催された。一九九五年に北京において開催された第四回世界女性会議から五年が過ぎ、北京での「行動綱領」の採択で約束した女性政策がどこまで達成されたかを検討し、また残された課題について討議するための会議であった。政府の男女共同参画審議会会長である岩男寿美子さんが、日本がこの五年間に達成したこととして、男女共同参画社会基本法、改正男女雇用機会均等法、児童虐待防止法等の成立・施行をあげて報告した。なかでも男女共同参画社会基本法の成立は、この五年間のめざましい進歩として強調された。この男女共同参画社会基本法とは、一九九九年六月に成立・施行された法律であるが、どういう内容で、どのような効果があるのだろうか。

男女平等社会へ向けての動きは、一九七〇年代に入ってから国連主導で進められた。一九七五年を国際婦人年と定め、一九七六年以降を「国連婦人の一〇年」とし、それぞれの国内に存在する女性差別を見直す一〇年としたことは、各国の男女平等化に向けての活動をおおいに促進した。その「国連婦人の一〇年」間の一九七九年に国連は、女性差別撤廃条約を採択した。女性差別撤廃条約とは、男女の固定化された役割分業の変革を理念としている。そのためには公的な領域だけでなく、私的な領域、家庭、地域、職場のなかにあるすべての差別を撤廃すること、また差別的な慣習や慣行を修正することをめざしている。国連加盟国にはこの条約を批准することが求められたのだが、日本政府はなかなか批准しなかった。批准するためには、条約の内容と国内法との整合性を図ることが必要だったからである。

日本政府がようやく批准したのは一九八五年六月。その前に国内法との整合性のために政府がしたことは、男女雇用機会均等法の制定、家庭科の男女共修の導入、国籍法の父系優先主義を母親が日本人で父親が外国人の場合でも子どもの日本国籍がとれるよう国籍条項を変更したこと、であった。同年行われたナイロビでの第三回世界女性会議にぎりぎり間に合った批准であった。女性差別撤廃条約は、現在一七〇カ国が批准している(二〇〇三年一一月)。

この女性差別撤廃条約の二条(b)には、「女子に対するすべての差別を禁止する適当な立法その他の措置(適当な場合には制裁を含む)を取ること」と書かれていて、つまり性差別禁止法(日本の場合は男女共同参画社会基本法がそれに相当するのだが)を国内的につくることを求めている。本来であれば一九八五年の批准時に成立していなければならなかった法が、一九九九年になって遅ればせながらやっと成立したということになる。

◆基本法の成立経過と内容

一九九〇年代に入ると、国連を中心とした男女平等を求める動きはますます活発になり、日本においても女性差別撤廃条約が求めている性差別禁止法を策定しようとする動きが高まった。一九九五年に北京で開催された第四回世界女性会議で採択された行動綱領を受けて、一九九六年に男女共同参画審議会が「男女共同参画ビジョン」を答申したが、そのなかで同法を制定することが提言された。同年に出された政府の国内行動計画である「男女共同参画二〇〇〇年プラン」にも検討課題として入れられた。このような動きを受けて一九九七年には、内閣総理大臣から男女共同参画審議会に基本法の検討が諮問された。審議会は全国六カ所で意見交換会を実施した後、一九九八年に「男女共同参画社会基本法について――男女共同参画社会を形成するための基礎的条件づくり」を答申した。この答申に基づいた基本法が国会に提出され、一九九九年六月に男女共同参画社会基本法が成立したのである。この背景には、上述したような国際的な趨勢や国内のNGO団体の運動があったわけだが、高齢化や労働力不足という社会状況のなかで、男女平等が「リスク」よりも「利益」につながるという大局的な判断の転換があったことも否定できないだろう。

この法律は、男女共同参画社会の実現を二一世紀の最重要課題と位置づけ、基本理念を明らかにし、国、地方公共団体、国民の責務を明らかにし、男女共同参画社会を総合的かつ計画的に推進することを目的としている。明らかにされた五つの基本理念とは、①男女の人権の尊重、②社会における制度または慣行についての配慮、③政策等の立案および決定への共同参画、④家庭生活における活動と他の活動の両立、⑤国際的協調、である。また、国は男女共同参画社会の形成の促進に関する基本的な計画を定めなければならないとし、それに基づいて都道府県や市町村には、男女共同参画計画を定めることを求めている。

男女共同参画社会基本法の成立をめぐっての議論の一つは、法律の名称であった。女性差別撤廃条約が求めているものからすると、性差別禁止法がふさわしい。事実、「男女共同参画では、意味があいまい」「男女差別があることをはっきりさせるために、平等という文字を入れてほしい」という意見があり、「男女平等基本法」「性差別禁止法」が提案された。しかし、民法改正法案に反対する団体が法案成立に反対するキャンペーンをするという政治的状況のなかで、あいまいさを残した名称になったという経過がある。その他、基本法の不満をいえば、性差別を受けた被害者が救済を求めるオンブズパーソン制度が検討されながら、民生委員など今ある苦情処理機関で対応することになったこと、付帯決議で今後検討する課題とされたこと等がある。

基本法は理念法であるため、実生活への影響が直接的でない。現実に存在する性差別をなくすことにどれほどの役に立つか疑問の点もある。しかし基本法という法律ができてこそ、政策の具体化が進むという面もある。それまでの女性政策は、何ら法的な根拠がなかったなかで進められてきたのだが、それが法的根拠をもつことになったからである。つまり、予算を取っていく裏づけになるし、各自治体も男女平等条例をつくっていくことを求められることになる。基本法ができたことにより、近年議論が集中している税制、年金制度などが男女間で不公平になっていることを是正する問題提起のよりどころになるだろう。

◇女子マラソンの進歩

女性差別撤廃条約が採択されてから二十余年。その間、確かに女性をめぐる状況は変化した。今まで男性だけに開かれ、女性には閉ざされていた扉が一つずつ開けられた。従来女性にはできないとされていたことが、できるようになった。その象徴的なものを女子マラソンにみることができるだろう。女性差別撤廃条約が採択された一九七九年とは、第一回東京国際女子マラソンが開催された年である。オリンピックが女子マラソンを正式種目として認めるのはこれに遅れること五年後の、一九八四年のロサンゼルス大会からである。ロサンゼルス大会以前のオリンピックでは、一九七二年のミュンヘン大会で正式種目とされた一五〇〇メートル走が、女子ランナーにとって最長の「最も過酷な種目」であった。

このような一九七九年に、世界初のＩＡＡＦ（国際陸上競技連盟）公認レースとして、海外招待選手一八人を含む五〇人の女子ランナーたちによって闘われた東京国際女子マラソンは、女子マラソンの本格的幕開けを示すものだった。と同時に、四二・一九五キロメートルを走り抜ける女性ランナーたちの姿は女性のもつ限りない可能性を示し、当時の女性たちを力づけたのだった。ちなみに、この記念すべき第一回東京国際女子マラソンの優勝者はイギリスのジョイス・スミス、四二歳の二児の母だった。

干刈あがたの小説に、『ゆっくり東京女子マラソン』というのがある。早逝した干刈あがたには『ウホッホ探検隊』に代表されるような、離婚母子家庭となった自分の経験と重ね合わせた一連の作品があるが、そのなかの一つである。ともに小学三年生の子どもをもち、ＰＴＡの役員にはからずも選ばれてしまった母親たち――心臓病を抱える母、痴呆症になり始めた義母を抱える母、仕事をもつ母、離婚して二人の息子を育てている母等――が抱える社会と家庭の問題点が描かれている。小説の舞台となった一九八〇年代初頭に女性たちが直面していた問題とは、仕事と家庭の両立の困難であったり、母子家庭への差別であったり、対処するには現在よりもいっそうのエネルギーを必要としていた。それぞれの問題を抱えた母たちは、期待を込めて第二回東京国際女子マラソンをテレビ観戦する。そこで繰り広げられる女性たちの闘いは、彼女たちに必要なエネルギーを与えてくれるのだ。離婚して二人の子どもを育てている母子家庭の母がテレビ中継を見ながら、中学一年の息子に向かってその感動を語るシーンがある。

「ねえ健一、茶化さないでちゃんと見て。健一もこれから女を愛するようになる男なのよ。ほら、足を踏み出すたびにふくらはぎがキュッと緊ってまたゆるむ。今、彼女の肉体が解放されているのよ。彼女は自分のためだけに走っているんじゃないわ。見ている女たち全部、自分をつくった日本の女の歴史ぜんぶを解放するために走ってるのよ。女の底力の強さ、美しさをよく見て」（干刈あがた『ゆっくり東京女子マラソン』）。

◆ゆっくり、少しずつ前進すること

日本は、ジェンダーという指標からみると、じつにいびつな社会である。国連が考案した人間開発指数（平均寿命、教育水準、国民所得から人間能力開発を測る）によると日本は一七三カ国中九位であるが、その男女格差を割り引いた指数であるジェンダー開発指数では一四六カ国中一一位、女性の政治・社会参画を示すジェンダー・エンパワーメント指数では六六カ国中三二位と大きく順位を下げる

（二〇〇三年）。いかに男女差別が深く、社会構造に組み込まれているかがよくわかる。また男女の賃金格差も先進国中では男性一〇〇対女性六六・五（二〇〇二年）と大きく、ＩＬＯ（国際労働機関）からしばしば勧告を受けている。このような社会では、男女差別の解消はゆっくりとしか進まない。不完全な法ではあるが、男女共同参画社会基本法が必要とされるゆえんである。男女の人権があらゆる場で平等に尊重され、性別にとらわれることなく、一人ひとりがその能力と個性を十分に発揮できる、基本法とはそんな社会の実現に向かってゆっくりと歩を進めていくことを目的としている。

一五〇〇メートルしか走れないと思われていた女性が、フルマラソンを走る。しかも年々多くの女性が参加し、記録も伸び続けている。このような女子マラソンの進歩の足跡は、一九七九年から始まった男女平等をめざす法的整備の進展と軌を同じくしている。ゆっくりとだが少しずつ進展しているからである。マラソンの記録の男女の差も、ゆっくりとだが少しずつ縮まりつつある。男子の世界最高記録は二時間四分五五秒、女子は二時間一五分二五秒である（二〇〇三年三月現在）。

国連女性特別総会「女性二〇〇〇年会議」は五日間の討議を終えて幕を閉じた。最終日には、各国政府がとるべき行動目標を盛り込んだ文書が採択された。それにはセクシュアル・ハラスメント、ドメスティック・バイオレンス等の女性への暴力の根絶、家事・育児について男性の関与を強化することが盛り込まれた。男女共同参画社会基本法が求めているように、これから政府は男女共同参画基本計画を策定するが、その基本計画には女性二〇〇〇年会議で採決された上記の行動目標が反映されなければならない。基本法という枠組みに沿った内容を決めていくのはこれからである。ゆっくりと、長期的に継続して取り組んでいくことが必要なのである。

4　DV防止法の成立 ――見えるようになった「夫（恋人）からの暴力」

◆「見える」ようになったドメスティック・バイオレンス

一九九〇年代に生じた現象の一つに、今まで存在しながら見えなかった問題が「見える」ようになったこと――個人的な問題ではなく、社会的な問題として認識されるようになったこと――がある。それらの問題とは、セクシュアル・ハラスメント、児童虐待、性暴力等であるのだが、ここで取り上げるドメスティック・バイオレンス（以下、ＤＶとする）もその一つである。ＤＶ（domestic violence）とは、直訳すると「家庭内の暴力」だが、夫、内縁の夫、別居中の夫、前夫、恋人といった「親密な関係」にある（あった）男性からの女性への暴力をさし、日本語に置き換えるならば「夫（恋人）からの暴力」のほうが適切であろう。

この暴力とは、殴る、蹴るなどの身体的暴力だけではなく、望まない性行為を強要すること、言葉によって女性に恐怖感や不安感を植えつけたり女性の人格をおとしめたりすること、また経済力をかさに女性に劣位な役割りを押しつけたり自由な行動を奪うといった、女性の身体の安全や心の尊厳を脅かす力の行為をも含む。このような、他の人間関係では許されない暴力、あるいは犯罪とされる暴力が、夫婦や恋人の間に限っては許されてきたのである。しかし一九九〇年代になると、DVとは「男性の優位と女性の従属」という社会の構造的力関係に依って立つ問題であり、決して私的な夫婦ゲンカではないこと、ゆえに被害者を援助する適切な社会的施策を必要とする社会的な問題として認識されるようになった。

このようにDVが「見える」ようになった背景には、一九九〇年代に入ってから女性に対する暴力が国際的な人権問題としてクローズアップされたことが指摘できる。国連等の国際会議で「女性の人権」がたびたび取り上げられるようになったし、とくに、一九九五年九月に北京で開催された第四回世界女性会議では、DVをはじめとする女性の人権問題が集約して取り上げられ、北京から世界へ向けて発信されたことが記憶に新しい。

◇DVの実態

警察庁によると、二〇〇〇年の夫から妻への暴力の検挙件数は、殺人一三四件、傷害八三八件、暴行一二四件と、合計すると前年の二倍近くになる。また厚生省によると、一九九九年度に全国の婦人相談所に一時保護された約三五〇〇ケースのうち、四二%が夫の暴力・酒乱によるものだったという。DVが存在すること、その深刻な被害者が存在することは、今までにもこのような資料から窺い知ることはできたものの、その実態についてはよくわからないというのが実情だった。しかし、一九九〇年代に入ってから、DVに関するいくつかの全国調査が行われ、その実態が明らかになった。

はじめに行われたのは、ソーシャルワーカー、婦人相談員、弁護士等からなる「夫（恋人）からの暴力」調査研究会により、一九九二年に行われた調査である。この調査は、協力要請に応じた全国の女性グループ、福祉機関、社会教育機関を通じてアンケート用紙を配り、回答を記入したうえで返送してもらうという方法をとった。フェミニスト・アクション・リサーチと名づけられたこの調査方法は、自発的に回答を寄せた人のみを集計しているため、何％の人が被害を受けているのかといった全体の傾向を知ることはできないが、DVの実態を明らかにするためには有効である。DVに関心がある人、被害者から詳細な回答が寄せられるからである。八〇七名から回答が寄せられ、うち夫や恋人からの暴力について回答を寄せた七九六人のうちの四六七人が、何らかの身体的暴力を受けたことがあると回答した。暴力が一回限りだったのは四分の一弱にすぎず、半数以上の女性は継続的に、繰り返し暴力を受けていた（「夫（恋人）からの暴力」調査研究会『ドメスティック・バイオレンス』）。

また、一九九九年九月から一〇月にかけて、全国の二〇歳以上の男女四五〇〇人を対象として総理府の男女共同参画室が初の全国調査を実施した。その結果、二〇人に一人が命の危険を感じる暴力を夫から受けたと回答し、DVの深刻な実態が明らかになった。これらの調査により、DVが深刻な問題であること、ジェンダーから派生する問題であること、緊急な対応を必要とする社会福祉の課題であることが明らかになったのである。

◆DV防止法の成立

このような関心の高まりのなかで、「配偶者からの暴力の防止及び被害者の保護に関する法律」（以下、DV防止法とする）が、二〇〇一年四月に国会で成立した（施行は同年一〇月）。これまで夫婦ゲンカとして見過ごされてきたDVが、ようやく犯罪と認められるようになったのだ。イギリスでは一九七〇年代に、香港では一九八〇年代に、フランス、アメリカ、マレーシアでは一九九〇年代前半に、韓国、台湾、ドイツでは一九九〇年代後半にDV防止法にあたるものができているが、日本も遅ればせながらやっと足並みをそろえたことになる。

このような背景には、既述したように国連を中心として、女性に対する暴力が国際的な人権問題としてクローズアップされたことがあげられる。一九九三年の国連総会では、「女性に対する暴力の撤廃に関する宣言」が採択され、それを受けて日本でもDVへの政府の取組みが着手された。一九九六年一二月に出された「男女共同参画二〇〇〇年プラン」には、一一の重点目標の一つとして女性に対するあらゆる暴力の根絶があげられた。一九九七年には内閣総理大臣から男女共同参画審議会に対して、女性に対する暴力に関する基本方策について諮問がなされ、同審議会に女性に対する暴力部会が設置された。同部会は一九九八年に、「男女共同参画審議会女性に対する暴力部会の中間取りまとめ」を公表した。さらに一九九九年には答申「女性に対する暴力のない社会を目指して」を出し、当面取り組むべき課題の一つとして、女性に対する暴力の実態および意識調査の実施を提言したのである。前述した総理府による全国調査は、この提言により実施されたものである。

DV防止法には、被害者のための三つの「駆け込み場」が明記された。一つは、新設する「配偶者暴力相談支援センター」。各都道府県に一カ所ある婦人相談所などに併設し、一時保護やカウンセリング、自立のための情報提供をする。二つ目は警察。通報を受けた場合は、警察官は「暴力の制止」「保護」「被害の発生を防止するために必要な措置」に努めなければならない。三つ目は地方裁判所への「保護申立て」。DV防止法の最大の「目玉」といわれている、暴力を振るう配偶者から被害者を守るため、被害者の申立てによって裁判所が「保護命令」を出すことができる制度が盛り込まれた。

保護命令には、①一時避難中の被害者の住居や勤務先につきまとうケースには「六カ月の接近禁止」、②同居人を引き離す「二週間の住居退去」、の二つがあり、接近禁止は同一の事実で再度の申立てをすることもできる。申立てには、警察や新設する暴力相談支援センターでの相談状況の記載が必要で、警察やセンターに行っていない場合は、公証人による宣誓供述書を添付しなければならない。必ず第三者による事情聴取を要件としている。保護命令に違反した者は、一年以下の懲役か一〇〇万円以下の罰金を科すが、被害者が虚偽の供述をした場合には、逆に一〇万円の過料を取ることも盛り込まれた。

◇実態に合わないDV防止法への不満

しかし、法律の内容については不満の声も大きい。DVの実態に即した法律となっていないため、DV防止の効果を削減することが懸念されたからである。

まず保護命令を申請できる範囲が、配偶者からの「身体的暴力」に限定されていること。DVとは、殴る、蹴るなどの身体的暴力だけではなく、女性を抑圧する心理的暴力や性的暴力も含まれるのだが、このような表面化しにくい暴力――実際にはＤＶの多くを占めている暴力――が対象とされていない。

また、配偶者間の暴力に焦点を当てているため、元夫の暴力に適用されないことも問題である。現実には、離婚を契機として夫の暴力が激化する例は多い。保護命令を取るためには、離婚手続をストップさせるという奇妙な事態を招きかねない。二週間という退去期間も現実的ではない。二週間あれば夫から逃げ出せると考えるのだろうが、転居先や働き口を探すにはもっと長い時間がかかる。一時的に逃げればいいというのでは実態に合わない。また、婦人相談所にセンター機能をもたせることはよいとしても、そのためには人員増や施設の改築などの予算が必要である。裁判官や警察官、医師などへの研修や教育体制、加害者への更生プログラムといった啓蒙的な部分が考慮されていないことも不備な点である。

◆被害を受けた女性のための援助

では日本で、ＤＶの被害を受けた女性が相談したり、緊急に駆け込んで一時的に滞在することができる場所はどこにあるのだろうか。公的機関としては、多くの女性センター・女性会館に設置された相談室がこのような相談に応じている。近年、これらの会館やセンターは専門の相談員やカウンセラーを配置して、無料で相談に応じ、必要とあれば地域の関係機関を紹介する体制を整えつつある。また、各都道府県に必ず一つは設置されている婦人相談所は、相談に応じるだけではなく、緊急の保護を必要とする人への一時保護所を提供している（DV法の施行により、二〇〇二年四月からは婦人相談所に配偶者暴力支援相談センターが併設された）。全国の婦人相談員の総数は四七五人で、自治体によっては独自の予算を組んで増員を図っているところもある。また、単身の女性と母子が利用することができる一時保護所の利用は無料で、利用期間はおよそ二週間がメド。一時保護所の所在地は非公開のため、居所が夫などに知られることはない。

民間の取組みは、DVに関しては公的な取組みよりもずっと早かった。一九八〇年代半ば頃をはじめとして、夫の暴力から逃れる女性のための民間の相談機関やシェルターが大都市近辺に設立された。一九九〇年代半ばにはこのようなシェルターは七カ所となった。これら草分けともいえる七カ所のシェルターとは、ミカエラ寮（一九八五年、東京都）、女性の家HELP（一九八六年、東京都）、ダルク女性ハウス（一九九〇年、東京都）、フレンドシップ・アジアハウス・こすもす（一九九一年、千葉県）、女性の家サーラー（一九九一年、神奈川県）、かながわ・女のスペースみずら（一九九二年、神奈川県）、AKK女性シェルター（一九九三年、東京都）である。その後も新たな民間シェルターが設立され、現時点で約四〇カ所になった（二〇〇三年一〇月）。シェルターが設立される場所も、当初は大都市圏かその近郊に限られていたが、全国各地に広がった。

DV法により配偶者暴力相談支援センターができる前は、婦人相談所の一時保護と比べると民間シェルターのほうが、夜間の受入れや長期滞在が可能であるなど柔軟な対応ができたために利用しやすかったこともある。利用期間や利用料、規模の違いはあるが、いずれも女性たちによって運営され、多くはフェミニスト・カウンセリングの方法を取り入れたりと、暴力の被害を受けた女性への癒しとエンパワーメントの場を提供している。

民間の相談機関としては、暴力の被害を理解し、女性の抱える問題を汲み取ることのできる場所が増えつつある。前述した民間シェルターはそれぞれ相談機関をも設けているのだが、シェルターはもたないが電話や面接による相談を行う機関も増えている。また、暴力を受けている、あるいは受けたことのある女性たちがその経験を話し合うことでお互いを支えあうサポートグループ（「グループ・CAP」「SCSA会」等）もつくられ、DV被害者を援助する活動が広がりつつある。

5　施行されたDV防止法の課題

「だめんず・うぉ～か～」はDV被害者

◇保護命令の発令

「配偶者からの暴力の防止及び被害者の保護に関する法律」の一部が二〇〇一年一〇月から施行され、二〇〇二年四月から完全施行された。それにより、DV被害者の申立てによって裁判所が、接近禁止・退去命令という保護命令を出すことができるようになった。また被害者が相談をしたり、一時保護を受けることのできる配偶者暴力相談支援センターが都道府県に設置された。何よりも、DVが社会的な問題であること、DVを防止するための公私の機関が必要であるという認識が高まったのである。それでは、ＤＶ防止法が施行してから、保護命令はどれぐらい発令されたのだろうか。

ＤＶにより被害者の生命または身体が重大な危害を受けるおそれがあるときに、裁判所は被害者の申立てにより、配偶者に対して六カ月間被害者に接近することを禁止する接近禁止命令と、生活の本拠地とする住居から二週間退去することを命ずる退去命令の二種類の保護命令を出すことができる。ＤＶ防止法が施行された二〇〇一年一〇月から二〇〇三年三月末までに、保護命令が申し立てられた件数は二〇〇五件である。うち、保護命令が発令されたのは一五七一件であり、その内訳は、接近禁止命令のみの発令が一一一九件、退去命令のみの発令が六件、接近禁止命令・退去命令を合わせての発令が四四六件であった。保護命令についてＤＶ防止法は、速やかに審理をするよう要請しているが、一五七一件の平均審理期間は一一・一日であった。また、法務省刑事局によると、同期間に警察が保護命令違反で検挙した事件が四八件あった（この四八件には、保護命令違反以外の事件――暴行・傷害・器物破損等――を合わせて裁判が行われたものを含んでいる）。そのうち起訴した事件が四一件で、公判を請求した事件が二八件、略式命令を請求した事件が一三件である。公判請求した二八件のうち、公判係属中または上訴中の七件を除くと、懲役刑（実刑）の判決が言い渡された事件が六件、執行猶予つきの懲役刑が言い渡された事件が一五件であった。

◇ 配偶者暴力相談支援センターの設置

ＤＶ防止法のもう一つの柱である配偶者暴力相談支援センターは、二〇〇二年四月から設置された。

DV防止法の規定により、各都道府県は婦人相談所その他の適切な施設に、DV相談の公的な窓口として機能する同センターを設置した。一年後の二〇〇三年四月の時点で、全国に一〇三の支援センターが設置されている。一〇三センターがどこに設置されたかという内訳は、婦人相談所が四七施設、福祉事務所が二〇施設、女性センターが一三施設、児童相談所が八施設、その他（市庁等）が一五施設である。都道府県別にみると、婦人相談所のみが支援センターの機能を果たしているものが三三府県（つまり、すべての都道府県において婦人相談所は支援センターの機能を担っている）、婦人相談所以外に女性センターにおいても支援センターの機能を果たしているのが一三都道府県、婦人相談所以外に福祉事務所においても支援センターの機能を果たしているのが三県、婦人相談所以外に児童相談所においても支援センターの機能を果たしているのが二府県である。このほか、北海道は婦人相談所以外に道庁および一四ある支庁においても支援センターの機能を果たしている。

支援センターが行う業務はDV防止法によると、①相談または相談機関の紹介、②医学的または心理学的な指導その他必要な指導、③被害者およびその同伴家族の一時保護、④被害者の自立生活促進のための情報提供その他の援助、⑤保護命令制度の利用についての情報提供その他の援助、⑥被害者を居住させ保護する施設の利用についての情報提供その他の援助、とされているが、そのうちで中心的業務である相談業務と一時保護についてみてみよう。

相談業務については、二〇〇二年四月から二〇〇三年四月までの一年間に全国の支援センターが受けつけた相談件数が三万五九四三件であった。相談形態は、電話相談が全体の六六・六％、来所相談が三〇・七％。女性からの相談が圧倒的に多く、全体の九九・六％を占めた。二〇〇三年度の統計は四月から七月までしか明らかにされていないが、一万四五五三件。初年度であった前年よりも増加傾向にある。

一時保護については、二〇〇二年度上半期（四月〜九月）に婦人相談所が一時保護を実施した人数は五〇三三人。婦人相談所はさまざまな問題を抱える女性の一時保護を実施しているので、そのうちDVにより一時保護を実施したのは三三八三人（全体の六七・二％）であった。被害者本人が一八七二人、同伴家族が一五五六人である。また一時保護は、婦人相談所が自ら実施するだけでなく、厚生労働大臣が定める基準を満たす施設に委託することもできる。DV防止法に基づき一時保護の契約を結んでいる施設が一二〇あるが、二〇〇二年度上半期には八五五人を委託した。被害者本人四〇一人、同伴家族が四五四人である。なお、委託契約を結んでいる施設の内訳は、母子生活支援施設六二、民間団体のシェルター三三、婦人保護施設一五、児童養護施設四、乳児院二、知的障害児施設二、女性センター一、軽費老人ホーム一、である。

◆「だめんず・うぉ〜か〜」とDV

DV防止法が施行されて、DV被害者への新たな対応がスタートしたのだが、DVそれ自体は減少しているのだろうか。DV防止法施行後に内閣府男女共同参画局が行った調査結果を見てみよう。二〇〇二年一〇月から一一月にかけて、全国二〇歳以上の男女四五〇〇人を対象に行った「配偶者等からの暴力に関する調査」である。配偶者や恋人からの被害経験を聞いたところ、「身体に対する暴行をうけた」女性は一五・五%、「恐怖を感じるような脅迫をうけた」女性は五・六%、「性的な行為を強要された」女性は九・〇%、「身体的暴行、心理的脅迫、性的強要のいずれかをこれまでに一度でも受けたことのある」女性は一九・一%であった。女性の約五人に一人はDV被害者なのである。またこの一年間では、女性の三・六%が身体的暴行を受けたと答えていて、DV防止法施行以降も依然としてDVが継続していることを明らかにした。

倉田真由美が描くコミック『だめんず・うぉ〜か〜』には、ダメな男がたくさん登場する。それもあたりまえで、タイトルの『だめんず・うぉ〜か〜』とは、ダメな男との恋愛を懲りずに繰り返し、ダメ男を渡り歩く女性のことだからだ。『月刊SPA!』に二〇〇〇年から連載されたものが単行本化されて、現在までに六巻が出ている。作者が読者に呼びかけて、「男を見る目のない女の会」を結成し、その会員が報告する体験談を次々にマンガにするという設定である。だから登場する男は当然みんなダメ男なのだが、それも半端じゃないダメ男ばかりある。借金があったり、バクチ好きであったり、大嘘つきであったり、じつは妻子がいるのを隠していたり、ストーカー男だったりする。そして彼らの大部分に共通することは、女性を殴ることである。

ダメな男を懲りずに渡り歩くわけだから、「うぉ〜か〜」たちも結構ダメ女で、金銭感覚がなかったり、意志が薄弱だったりするのだが、DVに対する認識も希薄である。蹴られて肋骨を折られたけど、つきっきりで看病してくれたから優しい人だとか、DVを愛の証だと思ってしまうとか、さすが

（出所）　倉田真由美『だめんず・うぉ〜か〜』第1巻，扶桑社，2001年。

「うぉ〜か〜」たるゆえんなのだ。いかにＤＶが日常生活に密着しているか、ＤＶの問題性が理解されていないかがよくわかる。ちなみに「うぉ〜か〜」たちがＤＶ問題に気づき、助けを求めようとしても、結婚した夫からのＤＶでなければ保護命令や支援センターの援助は得られにくい。ＤＶ防止法は配偶者間のＤＶを対象としているからである。

◇ＤＶ法の改正に向けて

二〇〇一年一〇月に一部施行され、二〇〇二年四月に全面施行されたＤＶ防止法は、施行後三年を目途に見直しが行われることになっているので、二〇〇四年度中には改正されることになる。しかし三年を待たずしてすでに見直し作業は開始されている。そのなかから改正のポイントを整理してみよう。

内閣府の男女共同参画局に設けられた「女性に対する暴力に関する専門調査会」は、二〇〇三年六月にＤＶ法の見直しについてとりまとめた。それによると、次回の見直しで優先して改正されるべき当面の課題として、①暴力の定義に精神的暴力を含むこと。現行法はその一条で暴力を定義しているが、それは身体に対する不法な攻撃であって生命または身体に危害を及ぼすもの、と身体的な暴力をさしている。暴力の定義を、精神的な暴力を含む概念として再定義することが必要である。②保護命令を被害者の現実に即したものにする。現行の保護命令制度により保護の対象となるのは、配偶者および婚姻の届け出はしていないが事実上の婚姻関係と同様の事情にある者とされる。しかし婚姻関係を解消した元配偶者も保護の対象に含めることが必要である。むしろ離婚を契機としてＤＶが激しくなる場合も多い。また接近禁止命令については、保護される対象に子どもを加えること、退去させられた住居の付近を徘徊することを含めて禁止することが求められる。退去命令については、退去の期間を現行の二週間から一カ月に延長するよう見直されるべきである。

また、時間的な制約もあって次回での改正は難しいと思われるが、検討すべき中期的な課題として、①保護命令の対象である暴力に、脅迫行為等を含める、②接近禁止命令により保護される対象に親族等を加える、③接近禁止される内容に、つきまとい、住居・勤務先付近の徘徊に加えて、電話、ファックス、手紙、メール等を加える、④接近禁止命令の期間の六カ月を延長する、⑤ＤＶ相談の窓口として、地域に支援センターを設置する、ことをあげている。また、長期的な検討課題としては、①緊急保護命令の創設、②加害者更生について、③恋人等の保護について、をあげている。

◇加害者男性のための教育プログラム

内閣府の男女共同参画局に設けられた「女性に対する暴力に関する専門調査会」の見直し案では部分的にしか触れられていないが、ＤＶ教育は重要である。一般を対象にしたＤＶ教育はもちろん必要だが、ＤＶに関わる仕事に従事する人たち（社会福祉・警察・司法等）を対象とする、ＤＶへの理解を深めるための教育がより多く行われなければならない。また最近では、ＤＶ加害者である男性を対象とした教育プログラムを行うべきだという声が高まっている。

日本と比べて、DVが早くから犯罪とされてきたアメリカでは、被害者である女性への援助プログラムだけではなく、加害者である男性への教育・援助プログラムも早くから行われた。裁判所による法的な命令により、加害者に教育プログラムを強制的に受講させるといった制度が整備されていることもあり、地域の非営利機関などにより多くの加害者教育プログラムが実施されている。

日本では、このような加害者への教育プログラムはまさに着手されたばかりである。一九九〇年代終わり頃から、男性運動の系列である大阪メンズセンターにより「男の非暴力ワークショップ」が、メンズリブ東京により「DV防止プロジェクト」が実施された。現在では、メンズセンターの「メンズサポートルーム」で、「男の非暴力ワークショップ」と、その修了者を対象とした「非暴力語りの会」（当事者組織）が年間を通して実施されている。また、精神医療の分野からの取組みとして、メンタル・サービス・センターによる「妻（恋人）への暴力を止めたい男性のための自助グループ」の活動が行われている。

DVの被害を受けた女性への援助が必要なことはもちろんだが、加害者である男性へも援助の手を広げていくことが、DVへの理解を広め、DVを根絶する社会を実現するために必要とされているのである。

法・労働基準法の新旧対照図

	新	
採用	**差別を禁止**	均等法 5 条
教育訓練	**差別を禁止** 対象範囲を限定しない	均等法 6 条
策定	5 条および 6 条に定める事項に関し，事業主が適切に対処するために必要な指針を策定	均等法 10 条
取扱いの禁止	当事者の一方からの申請により調停ができることとした。また，女性少年室長に紛争の解決の援助を求めたことおよび調停申請をしたことを理由とする不利益取扱いの禁止	均等法 12 条 均等法 13 条
アクション	国が，相談その他の援助を行うことができる旨の規定を新設	均等法 20 条
慮義務と指針	セクシュアル・ハラスメントに関する雇用管理上の配慮義務の創設と指針の策定	均等法 21 条
配慮義務と指針	法的義務化と指針の策定	均等法 22 条 均等法 23 条
の公表	女性労働者に対する差別を禁止する規定に違反している事業主がその是正を求める勧告に従わない場合には，厚生労働大臣がその旨を公表する制度を創設	均等法 26 条
休日労働の規制	**規制を解消**	
業の禁止	**規制を解消**	
前休業の延長	多胎妊娠の場合は14週間の産前休業	労働基準法 65 条
者の深夜業の制限	育児や家族介護を行う労働者の深夜業の制限	育児・介護休業法 16 条の 2 16 条の 3

休業法』労働基準調査会，1997 年より。

資料2－1　改正された均等

旧

条文	内容	
均等法7条	**努力義務**	募集・
均等法8条	**努力義務**	配置・昇進,
均等法9条	差別が禁止される対象の範囲を限定	
均等法12条	事業主が講ずるように努めるべき措置についての指針の策定	指針の
均等法15条	紛争の当事者の双方の同意が調停開始の条件	調停と不利益
	｛男女労働者の間に事実上生じている差を解消するための取組み｝ ＝	ポジティブ・
		セクハラ防止配
均等法26条・27条	**努力義務**	妊産婦への健康
		企業名
労働基準法64条の2	女性の時間外・休日労働の上限規制	女性の時間外・
労働基準法64条の3	一定の職種等に従事する者を除き女性の深夜業の禁止	女性の深夜
労働基準法65条	6週間（多胎妊娠の場合は10週間）の産前休業	多胎妊娠の産
		育児・介護を行う

（出所）　労働省女性局監修『改正 男女雇用機会均等法・労働基準法・育児介護

資料 2－2　民間女性シェルター・リスト

名　称	連 絡 先	相 談 時 間
女のスペース・おん	011-622-7240 space_on55@hotmail.com	月～金曜日　10時～17時(電話で要予約)
ウイメンズネット函館	0138-33-2110 (Tel&Fax)	月～金曜日　10時～16時(緊急の場合随時)
ネット・マサカーネいぶり	0143-23-4443 070-5287-5206	月～金曜日　10時～16時
駆け込みシェルターとかち	0155-26-3141	月～金曜日　14時～16時
ウイメンズ・きたみ	0157-24-7293	〈電話相談〉月・火・水曜日 13時～16時
	0157-24-1857	〈電話相談〉金曜日　13時～16時 〈面接相談〉木曜日(要予約) 10時～12時
ウイメンズネット旭川	0166-24-1388	月～金曜日　13時～16時 月曜日　19時～21時
ウイメンズネット青森	017-734-4705	木曜日　10時～16時（緊急の場合随時）第3土曜日
仙台女性への暴力防止センター・ハーティー仙台	022-225-8801	火・木曜日　13時30分～16時30分
ウイメンズサポートセンターにいがた	025-201-4556 025-201-4557 (Fax)	月・金曜日　13時～16時 水曜日　19～21時（緊急の場合随時）
女のスペース・にいがた	025-231-3012 025-231-3010 (Fax) fspace@hot.biglobe.ne.jp	月・水・金曜日 19時～21時 火・木・土曜日 14時～17時
ウイメンズハウスとちぎ	028-621-9993 (Tel&Fax)	〈電話相談〉火・木曜日 〈面接相談〉要予約 英語，タイ語，タガログ語，韓国・朝鮮語対応

女性の家 HELP	03-3368-8855	月～土曜日　10時～17時 英語，タイ語，タガログ語，スペイン語対応
AWS 女性シェルター	03-5338-3083	月・水・金曜日 10時～16時
FTC シェルター	03-5608-0127	月～金曜日　10時～16時
埼玉おんなのシェルター	090-9014-0915 090-2676-4206	
シェルターけやき たいむ ポプリ		福祉事務所を通して入所する。
フレンドシップアジアハウスこすもす	0438-53-5105 090-4202-5469 090-3685-6765	
ミカエラ寮	045-251-4625	24時間
かながわ・女のスペース・みずら	045-451-3776	〈問い合わせ〉　月～金曜日 9時～21時 土曜日　14時～17時
	045-451-0740 045-451-6967 (Fax)	〈相談専用〉 月～金曜日　14時～17時，19時～21時 土曜日　14時～17時 タイ語，中国語，韓国・朝鮮語，ポルトガル語，スペイン語，ベトナム語対応
女性の家サーラー	045-901-3527 045-902-4045 (Fax)	月～土曜日　10時～17時 英語，タイ語，タガログ語，スペイン語，ポルトガル語，韓国・朝鮮語対応（ただし土曜日はタイ語，タガログ語休み）
かしわふくろうの家	0471-32-0711 090-5555-1034	〈相談〉　月曜日 12時～17時 月～金曜日　12時～17時
SWS	090-2421-0907 090-9014-0915 090-2676-4206	

かけこみ女性センターあいち	052-853-4479 (Tel&Fax)	月曜日（除く祝日） 13時～16時
フェミニストサポートセンター・東海	052-979-0350 (Tel&Fax) noan@viola.ocn.ne.jp	
ウイメンズハウスあゆみ	0562-44-9117	〈電話相談〉 9時～17時（第2，第4月曜除く月～金曜日） 〈面接相談〉 第1，3月曜日（要予約）
女のかけこみ寺生野学園	06-6731-4020	
かけこみシェルタースペース・えんじょ	072-636-0030	相談随時
AS HOUSE	090-9252-7443 0724-88-3421 (Fax) gop@mub.biglobe.ne.jp	相談随時
石川女のスペース	076-222-8868	第2，第4月・土曜日 10時～12時
W・Sひょうご	078-251-9901 (Tel&Fax)	木曜日　12時～17時
シェルターin広島ネット	070-5670-6145	
山口女性サポートネットワーク	0836-37-5611 (Tel&Fax) woman@yamaguchi.email.ne.jp	月・火・水曜日 13時～16時
みもざの会	090-8064-1754	24時間
DV被害者支援ネットワーク鳥取	090-3880-5104	木曜日　10時～17時

アジア女性センター	092-513-7333 awc-a@atlas.plala.or.jp	月～金曜日　9時～17時（緊急の場合随時） 第1火曜日　9時～17時 中国語対応 第1，第3水曜日　10時～14時タガログ語対応
S・ぱーぷるリボン	0942-33-0740	
北九州シェルター	090-3896-5415	
DV被害者支援センター　ハートスペースみやざき	0985-29-2551（Tel&Fax）	

（注）連絡先でとくに記述がないものは電話番号を示す。
（出所）出版された文献，ホームページ，電話による聞取りにより，著者と山口佐和子（金城学院大学大学院）が作成した。

第3章

少子社会の子どもをめぐる政策

1 少子化対策キャンペーンと育児休業

「育児をしない男を、父とは呼ばない」(?)

◇話題になった厚生省のポスター

一九九九年の春に行われた厚生省の少子化対策キャンペーンは、ＳＡＭ（サム）を起用して、「育児をしない男を、父とは呼ばない」というコピーを使用し、おおいに話題となった。ＳＡＭが赤ちゃんを抱いているポスターが方々に貼られ、テレビＣＭも放映されたので、ああ、あのポスターかと思い当たる人も多いだろう。話題となった理由は、「育児をしない男を、父とは呼ばない」というコピーに、賛否両論が寄せられたからである。「斬新なポスターだ」「男性の意識改革に役立つ」といった好意的な意見も多かった一方で、反対意見も飛び出した。「男に育児をさせるなんて」「子育ては母親の役割」といった従来の性別役割分業意識丸出しの反対論から、「国が家庭生活に口を出すのはおかしい」といった厚生省への反発、「そう言われても育児をする時間がない」という長時間労働の実状を訴えるものまでさまざまであった。実際に、厚生省に抗議をした人も出た。自由党（当時）の藤井裕久と井上喜一代議士が、「男にも都合がある」「育児をしない母親を勢いづかせるだけ」と厚生省に抗議をしたのである。それに対して、男性の育児権などを求める父たちの市民団体「男も女も育児時間を！　連絡会」（育時連）が反発し、同党に公開質問状を出した。両議員の発言は、これまでの自由党の見解に反しているというのである。この一連の出来事も注目を集め、「育児をする父」は議論の的となった。このように議論が広がった背景には、子育てが女性の役割とされることから生ずる困難が明らかになったことと、それを大きな要因として進行中の少子化問題があったからである。

一九七〇年代後半から低下し始めた合計特殊出生率（一人の女性が一生に産む平均子ども数）はその後も低下し続け、一九九八年には一・三八と最低記録を更新した（ちなみに二〇〇二年は、一・三二）。少子化対策は一九八〇年代後半から国の重要施策の一つとして取り組まれてきたが、ここにきてより緊急の課題となったのである。

厚生省のポスター（1999年）

一九九七年に厚生省の人口問題審議会が、「少子化に関する基本的考え方について」という報告書をとりまとめたが、これは少子化という問題を正面から取り上げ、その影響、要因の背景について総合的な分析をし、少子化の影響への対応とともに要因への対応をする必要があるとの考えを打ち出したものである。一九九八年の『厚生白書』は、『少子社会を考える——子どもを産み育てることに「夢」を持てる社会を』と題し、男女がともに暮らし、子どもを産み育てることに夢をもてる社会をつくるために、男性の意識改革と日本的雇用慣行や職場優先の企業風土を改めることについて述べている。出生率の回復のためには、政策の充実だけでなく、男女の性別役割分業意識や「子育て観」といったことの改革も必要というわけである。一九九九年に「斬新」なキャンペーンが展開されたのには、このような経過と理由があったのである。

◇ **育児休業法の制定**

働きながら子育てをする親を援助する制度としては、まず保育制度があげられるが、企業が設ける育児休業制度——一定期間仕事を休んで育児に専念し、その後仕事に復帰する——もその一つである。二〇〇二年度の厚生労働省の調査によると、育児休業制度の規定がある事業所の割合は、事業所規模が五〇〇人以上では九九・二％、一〇〇〜四九九人では九三・六％、三〇〜九九人では七八・〇％、五〜二九人では五七・五％である。一九九一年に「育児休業等に関する法律」が成立し、一九九二年から施行された結果である。

育児休業法により、一歳未満の子（養子も含むが、里子は含まない）を養育する男女労働者は、子が一歳に達するまでの間に、期間の初日と末日を明らかにして「休業申出書」を事業主に提出すれば、育児休業が取得できる。育児休業を理由に解雇することは禁止されている。ただし、労使協定により、一定の要件に該当する労働者に育児休業が認められないこともある。たとえば、労働者の継続的雇用期間が一年に満たないとか、労働者の配偶者でその子どもの親が子を養育できるとか、一週間の所定労働日数が二日以下の労働者などについてである。また同法は、育児休業をとらない一歳未満の子どもを養育する男女労働者に対して、育児のための勤務時間短縮等の措置を講ずるよう事業主に課している。

この育児休業法の施行により、男女どちらの労働者も育児休業をとることができることになったのだが、法の施行直後は男性の取得はほとんど期待できなかった。それは「子育ては女性の役割」という意識が固定的であることももちろんだが、「休業中は無給」だからであった。無給であるということは、休業中も継続して支払う社会保険料等が持ち出しになるため、収入としてはマイナスになる。それゆえ、給料が低い方——多くは女性側——が取得する結果となるからである。育児休業の有給化がまずは改正事項として取り組まれたが、一部有給化が実現したのは一九九五年からである。

一九九五年四月の改正により、育児休業中の賃金保障はないものの、給与の月額の二五％（育児休業給付金二〇％＋職場復帰後に遡って支給される報奨金五％）が雇用保険から給付されることになった。また、休業中の健康保険と社会保険の本人負担分が免除された。これらの措置により、約四割の所得保障となる。この改正により育児休業法は、男性が取得する条件を整えたことになる。残された最大の課題は「子育ては女性の役割」という性別役割分業の克服であるが、厚生省のキャンペーンがたとえ効果があったとしても、こちらはもう少し時間がかかりそうである（一九九五年には介護休業の法制化により、名称が育児・介護休業法に改正された)。

◇育児休業の「進化」

育児休業がほとんどの労働者をカバーする法として施行されたのは一九九二年であるが、それ以前にも育児休業という方法は一部で取り入れられていた。一九七五年に公務員の特定職種における育児休業法が制定され、公務員の女性教員、看護婦、保母(当時の名称)を対象として施行された。また一部の企業は、一九九一年の育児休業法成立以前にすでに導入していた。一九九〇年には七・一%の企業が、一九八〇年代には三・三%の企業が、一九七九年以前にも二・四%の企業が育児休業を導入していたのである。ただし、これら企業の育児休業も公務員の特定職種の育児休業も、取得できるのは女性だけに限られていた。このような「女性だけが取得できる育児休業」の基底には、子どもが乳児のうちは母親の手で育てることを良しとする考えがあるようだ。事実、育児休業が法制化される以前から導入していた企業のなかには、「出産した女性が必ず取らなければならない制度」「育児休業の期間は三年間」といった内規を設けていたところも多かった。育児休業が法制化されたことによって、このような内規が効力を失ったことを歓迎する声も聞かれた。このような経過からすると、一九九一年に制定された育児休業法が男女労働者を対象としたことは、特筆すべきことである。法制化の過程に、何があったのだろうか。

育児休業法が女性だけでなく男性も対象とすることについては、反対の声も高かった。とくに経済界からの反対は強かった。男女雇用機会均等法の育児休業の努力義務規定、および前述した公務員の特定職種育児休業や企業の育児休業制度の対象が、女性だけだったからである。それにもかかわらず、育児休業法が男女労働者を対象に適用されることになったのには、女性労働者の増加と出生率の低下の継続があったことはもちろんだが、一九八〇年代から始まった国際的な男女平等へ向けての趨勢が後押ししたことが指摘できるだろう。

女性だけが家族責任を負っていることが男女の雇用平等を阻害しているとの認識から、ＩＬＯ（国際労働機関）は一九八一年に「ＩＬＯ一五六号条約」（男女労働者、とくに家族的責任を有する労働者の機会均等及び均等待遇に関する条約）と「ＩＬＯ一六五号勧告」（同勧告）を総会で採択した。これらの条約・勧告の基本的な考えは、家族責任は男女共同のものであり、育児も父親の権利であり、家族責任をもつ労働者が家族責任をもたない労働者と差別されることなく働くことができる労働条件を整えるべきというものである。このような国際的な趨勢は、女性差別撤廃条約を一九八五年に批准した日本にも影響を与え、育児休業法の対象が男女労働者となったのである。一九九一年に育児休業法を法制化したので、日本は一五六号条約を批准する準備が整ったことになり、一九九五年四月に国会で承認され、アジアではじめて同条約を批准した。

◇家事・育児をする男性たち

さて、冒頭の話題に戻ると、「育児をしない男を、父とは呼ばない」でいいのだろうか。確かに性別役割分業意識ゆえに育児をしない父親もいるけれども、仕事と家事・育児が両立しにくい職場環境に置かれている父親たちも多い。そういった父親たちも育児ができるように、保育制度の充実だけではなく、働き方や企業のあり方も含めた幅の広い検討が必要なのである。そしてその目的とは少子化対策のためではなく、父親も育児をすべき（したい）からなのだ。

では、果たしてどれくらいの男性が育児休業を取得しているのだろうか。二〇〇一年度に出産した女性労働者のうち、育児休業を取得した女性は六四・〇％、出産した女性の六割以上が育児休業を利用した。配偶者が出産した男性労働者のうち、育児休業を取得したのは〇・三三％。取得者の男女比は、女性九八・一％、男性一・九％。しかし、一九九三年の取得者が女性九九・八％、男性〇・二％であったことと比べると、少しずつではあるが育児休業をとる男性が出てきたことがわかる。

男性の育児休業取得者が極端に少ない背景には、やはり仕事を中断しにくい男性側の事情がある。現在のように職場優先が男性に対して強く期待されている企業風土では、育児休業で仕事を中断することは昇進・昇給へ影響すると懸念されるからである。実際に、企業の経営者に対するアンケートでも、男性社員が育児休業をとることについて違和感を感じると答える経営者が三五・六％と、違和感を感じないと答えた三一・九％を上回った。『朝日新聞』にリレー連載『「育休父さん」の成長日誌』が始まったのは一九九七年一〇月からであり、二〇〇〇年五月には同名の書名で単行本化された。

さまざまな議論を呼んだ厚生省のポスターは、とうとう日本ばかりでなく、アメリカにも紹介された。一九九九年五月八日の『ワシントンポスト』紙が、このポスターの写真つきの、「名ばかりのダディー」という見出しの記事を掲載し、日本人男性の育児観を紹介したのである。東京発のこの記事は、「日本人の父親は、一日に平均一七分しか育児をしない」との統計を引用し、ポスターによるキャンペーンに対しては電話や手紙で厚生省に批判が寄せられたことを紹介した。「朝六時に家を出て、夜一一時に帰る生活では育児をしたくてもできない」と反論するサラリーマン男性の声も紹介している。しかし、日本で最も有名な父親の一人であるダンサーのSAMを起用したことについては、若い世代にキャンペーンを支持する意見が強いこと、「一〇年前だったら、このようなキャンペーンは不可能だった」という厚生省担当者の声を紹介し、日本社会の価値観が少しずつ変化している、と結んでいた。

2　少子社会の子育て支援政策（一）　専業主婦の憂鬱

◆ 専業主婦の出現

「夫が外で仕事をし、妻が家庭で家事・育児に専念する」という家族は、もはや日本の典型的家族像ではない。有配偶女性の有業率が五〇・八%となり、「働く主婦」が「専業主婦」を上回ったのが一九八三年。総務庁統計局の労働力調査によると、共働き世帯（夫も妻も就業者）が五六・〇%、夫が働き妻が専業主婦の世帯が四二・三%と、共働き世帯のほうが大きく上回っている（二〇〇二年）。

もっとも、「夫が外で仕事をし、妻が家庭で家事・育児に専念する」という家族が登場したのは戦後になってからであり、わずか五〇年ほどのことでしかない。それ以前にも専業主婦という存在がなかったわけではないが、ごく一部の階層でのことであり、多くの女性は農家や商店のおかみさんとして働いていたのである。

日本の産業構造は高度経済成長期を通じて変化し、その過程で専業主婦が出現した。産業構造の転換によりサラリーマン家庭が増加し、農業に代表される自営業や家族従業員として働いていた女性たちが労働市場から撤退して専業主婦となった。それ以前には限られた存在であった専業主婦がこの時期を通じて多く出現したことは、「豊かさ」の象徴として受け入れられた。さらに、高度経済成長下でのモーレツ社員といわれた働き方は、主婦化した女性が家庭責任を担うことによる「片働き」であったからこそ達成できたということもできる。「専業主婦に支えられた世帯主＝男性の働き方」は、日本の経済発展を支える性別役割分業を基礎にした企業の雇用制度とも合致し、その後の雇用者家族のあるべきモデル家族として固定化されたのである。

しかし、専業主婦が増加したのは、高度経済成長期を通じての一時期における現象であった。つまり、低下した女性労働力率は一九七五年を底として再び上昇に転じたのである。自営業主や家族従業員としての働き方をやめて専業主婦となった女性たちが、(雇用者として、パート労働者として) 再び労働市場に登場したからである。一九七五年以降、女性労働力率は毎年上昇を続け、現在では女性労働力率は四八・五％、雇用者総数に占める割合は四〇・五％である (二〇〇二年)。

◆子育ては主婦の役割？

　では、今や少数派となった専業主婦のいる家庭とは、どんな特徴があるのだろうか。夫の所得別に妻の就業状況をみると、夫の所得が高くなるにしたがって妻の有業率は下がる傾向にある。夫の年収が四〇〇万円未満では、妻の有業率は六五・二％であるが、八〇〇～一〇〇〇万円未満では五七・二％に、一〇〇〇万円以上になると四六・〇％にまで低下する。つまり、「夫に甲斐性がないから妻が働く」というレトリックは、統計的にはある程度は正しいことになる。しかしもう一つの統計は、子どもの世話をするために妻が専業主婦となる傾向を明らかにする。末子の年齢別に妻の就業状況をみると、末子の年齢が三歳未満の場合、妻が無業である割合は、夫婦と子どもからなる世帯の場合で七四・四％と高い。妻が無業である割合は、子どもが一五歳未満では末子年齢が高くなるほど低い。子どもに手のかかる子育て時期には、「夫は仕事、妻は家事・育児」という性別役割分業がしっかりと反映されている（統計はいずれも一九九八年『厚生白書』から）。

　つまり専業主婦のいる家庭とは、ある程度経済的に余裕のある家庭か、または乳幼児を抱えた家庭ということになる。しかし、今や妻が仕事をする理由とは、家計補助的であるだけではなく、「夫の甲斐性」だけが妻の有業率を左右するわけではない。そうだとすると、子育てのために——性別役割分業の反映のため——家庭にとどまる専業主婦が多いということになる。専業主婦とは、子育ての責任と困難を担うことを義務づけられた、さまざまな「矛盾」を抱えた存在なのである。

　一九九九年一一月に、東京都文京区で二歳の幼女が殺害され、その被疑者として同い年の子をもつ母親の友人が逮捕された事件は、多くの人に衝撃を与えた。一見、優雅に生活しているようにみえる専業主婦たちが、子育てをめぐっていかにストレスの多い生活を送っているかが、「公園デビュー」「お受験」といった熾烈化する子どもの状況とともに報道されたからである。むろん、幼児を殺害することが許されるはずもないが、核家族のなかで専業主婦である母親だけに全面的に負わされる子育ての責任がいかに重く孤独なものか、子どもの評価を通じてしか自分が評価されない生き方がいかにむなしいものか、被疑者の胸のなかにあったであろうこのような「憂鬱」に、人ごとでないと同情した声も多かった。今まであまり語られることのなかった専業主婦の「憂鬱」や「悩み」が取り上げられる契機となったのである。

◇ 子育て支援政策の推進

従来、出産や子育ては家族のなかの私的な問題であるとされ、政策が関与しない領域であった（例外的なこととしては、第二次世界大戦前の母子保護法があげられる）。政策の対象となるのは、問題を抱えた特別な家族のニーズだったからである。しかし、そのような政府の対応は、一九九〇年代に入ると大きく転換する。一般の家庭における子育てが政策の対象として取り上げられるようになる。出生率の低下が背景にあることは否定できないが、子育てをめぐる状況が、今までになく困難であることが明らかになったからである。もっとも、子育ての責任が核家族のなかの主婦だけに負わされるようになったのは、つまり子育てが現在のような困難な問題としてとらえられるようになったのは、戦後になってからのことにすぎない。高度経済成長を通じて男女の役割分業が確立していく過程で、母親による子育て責任が強調され、「三歳児神話」がもっともらしく語られるようになった。ゆえに、家族や地域から孤立して母親が一人で子育てにあたるという現在のような状況は、戦後数十年の間につくりだされた新しい状況なのである。

文京区の幼女殺しの例を引くまでもなく、子育てが困難な状況に置かれていることは、近年増加しつつある児童虐待をみてもよくわかる。厚生労働省の調査によると、児童相談所に寄せられる子どもの虐待についての相談件数が全国的に増えている。二〇〇二年度に全国の児童相談所が対応した虐待相談処理件数は二万四一九五件に達した。これら急増の背景には、虐待そのものの増加のほかに、児童虐待に対する社会的関心の高まりが問題を顕在化させたこともあると考えられる。その増加する虐待の主たる虐待者は、性的虐待を除く虐待では実母が実父の約二倍と、圧倒的に実母が虐待者となっている。母親へ子育て負担が集中していること、とくに保育所のような制度的な支援を受けられず一人で終日子育てに追われる専業主婦にとっては、孤立したなかでの過剰な育児負担がいかに虐待と結びつきやすいかを物語っていよう。どういう理由があろうと、子どもの虐待はなくさなければならないが、虐待をする母親を責めるだけでなく、その「理由」も取り除かれなければならない。そうでなければ、誰でも虐待をする母の側にまわる可能性があるからである。保坂渉『虐待――沈黙を破った母親たち』は、虐待の加害者である四人の母親たちの側に立って、それぞれの虐待の「理由」を明らかにしたルポルタージュである。虐待というと母親ばかりが引き合いに出されて責められることが多いが、その背後にある社会的な「憂鬱」を描き出した数少ない本である。

一九九四年一二月に、文部・厚生・労働・建設の四大臣の合意により、総合的な子育て支援計画である「今後の子育て支援のための施策の基本的方向について」、いわゆるエンゼルプランが策定された。これは、おおむね一〇年間を目途として、子育てに対する社会的支援を総合的かつ計画的に推進するため、保育、雇用、教育、住宅などにわたる施策についての基本的な方向と重点施策を盛り込んだものである。少子化の背景としてしばしば取り上げられる、子育てと仕事の両立が困難なこと、子育てのコストが高いこと、育児の心理的負担が大きいこと等のハードルを越えるための支援策の整備が主眼とされた。

エンゼルプランの施策の具体化の一環として、一九九四年一二月に、大蔵・厚生・自治の三大臣の合意により「当面の緊急保育対策等を推進するための基本的考え方」（緊急保育対策等五カ年事業）が策定された。これはエンゼルプランの重点施策のうち、保育ニーズの多様化に対応した緊急に整備すべき保育対策等の基本的枠組みについて目標を設定したものである。これにより、一九九五年度から一九九九年度までの五年間に推進すべき保育対策等について具体的な目標が定められた。低年齢児（〇～二歳）保育、延長保育、一時保育等といった「保育所機能の拡充・充実について」と、放課後児童クラブ、地域子育て支援センターの設置といった「地域の子育て支援事業について」の具体的数値が定められた。

一九九八年七月には内閣総理大臣主宰による「少子化への対応を考える有識者会議」（有識者会議）

が開催され、同年一二月には「夢ある家庭づくりや子育てができる社会を築くために」と題する提言がとりまとめられた。この提言は、「現在の日本には、若い男女にとって、新たな家族を築き、子どもを育てていくという責任ある喜びや楽しさを経験することを困難にするような社会経済的・心理的な要因がある。そのような制約要因を取り除いていく環境整備が必要」としたうえで、環境整備すべき内容として、約一五〇項目にわたる具体的な方策を提案した。

この有識者会議の提言を受けて、一九九九年五月には、内閣総理大臣の主宰のもとに、関係閣僚によって構成される「少子化対策推進関係閣僚会議」（閣僚会議）が開催された。この閣僚会議の第四回において、「少子化対策推進基本方針」が決定された。「少子化対策推進基本方針」には、とくに重点的に取り組むべきこととして、働き方、保育サービス、相談・支援体制、母子保健、教育、住宅などの分野において具体的実施計画を策定することを明らかにした。これらを踏まえて具体的な計画を推進するために、一九九九年一二月、大蔵・文部・厚生・労働・建設・自治の六大臣の合意により、「重点的に推進すべき少子化対策の具体的実施計画について」（新エンゼルプラン）が策定された。

新エンゼルプランは、従来のエンゼルプランおよび緊急保育対策等五カ年事業を見直し、働き方や保育サービスだけでなく、相談・支援体制、母子保健、教育、住宅などを加えた総合的な実施計画となっている。厚生行政関係では、①多様な需要に応える保育サービスの整備、②子育てに関する相談・支援体制の整備、③母子保健医療体制の整備、を三つの柱として、二〇〇四年度の目標を定め各政策を推進することとした。たとえば、①については、低年齢時の受入れ枠を五八万人（一九九九年度）から六八万人（二〇〇四年度）へ、延長保育を七〇〇〇カ所から一万カ所へ、②については、地域子育て支援センターを一五〇〇カ所から三〇〇〇カ所へ、放課後児童クラブを九〇〇〇カ所から一万一五〇〇カ所へ、それぞれ整備することを目標とした。労働環境の整備については、長時間労働などの企業風土を是正するために「ファミリー・フレンドリー企業」の推進に努め、フレックス勤務態勢を導入したり、残業時間を減少させている企業を「ファミリー・フレンドリー企業」として表彰するとしたのだった。

◆児童手当制度の拡充

もう一つの子育て支援政策は、所得保障である。子育てに関わる費用を社会的な支出としてとらえ、その費用（の一部）を支給する制度は、多くの先進国で行われている（アメリカは、同様の制度をもたない唯一の先進国である）。日本では、一九七二年から始まった児童手当制度がそれにあたる。一九九〇年代に入って子育て支援政策が進展するとともに、一九九一年に児童手当法が改正され、児童手当の支給対象が第二子以降から第一子にも拡大された。また支給対象年齢は学齢までが三歳未満に短縮されたが、金額は倍額となり、第一子および第二子は月額五〇〇〇円、第三子以降月額一万円となった。二〇〇〇年六月からは、児童手当の支給対象年齢が三歳未満から再び義務教育就学前（六歳に達した日以降最初の年度末）まで拡大された。

二〇〇〇年末に、その児童手当の拡充案が再度登場した。二〇〇一年度予算編成の「目玉」として、自民、自由、公明三与党間で調整が始まった。たとえば公明党の案は、支給額をそれぞれ二倍とし、所得制限を撤廃し、対象年齢を一六歳まで引き上げるという案である。自民党案の一つは、第一子と第二子は現行のまま、第三子以降に年一〇〇万円を支給する、所得制限はなくし、対象年齢を一八歳未満とする案である。

このような再三にわたる児童手当拡充の背景には「少子化対策」が見え隠れするが、児童手当の支給増が少子社会を克服するとはいえないだろう。第三子を産むと児童手当が支給されるという理由だけで、もう一人子どもを産むとは考えにくいし、児童手当の増額だけで子育ての困難が解消するとも思えない。余談だが、自治体による この手の出産奨励制度はかなりある。第三子を出産すると、一〇〇万円を支給する自治体や、軽自動車を支給する自治体もある。しかし、これらの政策が功を奏しているという話も聞かない。児童手当の増額だけで事足りるとするのではなく、「子どもを産みたい」と思える社会、「子育てを楽しめる」社会にしていくことが、遠回りのようにみえるけれども結局は、少子化を克服する社会への近道なのではないだろうか。

児童手当についての論議は、与党三党の合意「児童手当等に関する三党合意」(二〇〇〇年一二月)が行われ、二〇〇一年度から所得制限を緩和し、対象年齢の子どもの八五%に支給されるよう拡充された。

3 少子社会の子育て支援政策(二)

進行する出生率低下と晩婚化

◇少子化の進展

毎年六月には、厚生労働省の人口動態統計が発表され、前年の合計特殊出生率(一人の女性が一生の間に産むとされる平均子ども数。以下、出生率とする)が話題になる。二〇〇三年に発表された数字、つまり二〇〇二年の出生率は一・三二となり、戦後の最低記録を更新した二〇〇一年の一・三三をさらに更新した。生まれた子どもの数も一万六七九六人減の一一五万三八六六人と、一八九九年の統計開始以来最低となった。今後、出産期にあたる二〇~三〇代の女性人口が減ることもあり、少子化傾向にはなかなか歯止めがかかりそうもない。女性の初婚年齢や第一子出産年齢も引き続き上昇している。

少子化の背景はさまざまである。働く女性の増加と保育等の社会制度のミスマッチ、仕事と育児の両立を妨げる固定的な性別役割分業の存在、あるいは長寿化のなかで自然に人口調節機能が働いているとみる考え方等、多様である。しかし、人口学的にみると少子化の原因とは、①有配偶女性の出生率の低下、②晩婚化・非婚化、の二つである。

日本の戦後から現在までの出生率の低下をみると、二つの時期に分けられる。一回目は、第一次ベビーブーム(一九四七~四九年)以後の低下期であり、これは一九五〇年代半ばになると低下の速度が緩やかになり、その後約二〇年間、出生率は二・〇から二・二前後で推移した。ちなみに、人口を維持するのに必要な出生率（人口置換水準）は二・〇八である。二回目の低下期は、第一次ベビーブームに生まれた子どもたちが出産年齢を迎えた第二次ベビーブーム以後の一九七〇年代半ば以降の時期である。

これら二回の低下期は、その原因をそれぞれ異にしている。一回目の低下期の原因は、おもに有配偶出生率の低下であった。つまり、結婚した女性が産む子どもの数が少なくなったからである。この傾向は経済発展の過程で起こる普遍的なものであり、日本だけでなく他の先進工業国にも共通した現象である。ただし日本の特殊性をあげるならば、一九四八年に施行された優生保護法により、合法化された人工妊娠中絶が有配偶出生率の低下におおいに利用されたことである。二回目の低下期の原因はこれとは異なり、それまでは「適齢期」になると結婚していた若者たちがなかなか結婚しなくなったことである。結婚年齢が高くなることによって、子どもを産まない夫婦、あるいは子どもを少なくもつ夫婦が増えたからである。欧米諸国では、このような晩婚化・非婚化が進行しても、出生率の低下に直結するわけではない。婚外子の出生が多いからである。たとえばスウェーデンでは、婚外子が全体の出生数の五〇％を占める。しかし日本の場合はその割合はずっと一％前後である。つまり結婚しないと子どもを産まない傾向の強い日本では、晩婚化・非婚化の進行は少子化に直結する問題なのである。

◇結婚しない女性たち

結婚しない男女が増加していることは、二〇〇〇年に実施された最新の国勢調査からも明らかである。二〇〇一年六月に発表された国勢調査の抽出速報によると、五年前の調査に比べて男性はすべての年齢層で結婚していない人の割合が増加した。未婚率は三〇代前半で四二・九％、三〇代後半でも二五・七％。女性もほとんどの年齢層で未婚率が上昇し、二〇代後半では五四・〇％とはじめて半数を超え、三〇代前半でも二六・四％となった。

では、なぜ晩婚化・非婚化が進展しているかというその要因は複雑である。一つには、いつまでも親と同居するパラサイト・シングルの増加を指摘する人もいる。「パラサイト・シングル」の名付け親は東京学芸大学の山田昌弘であり、学校を卒業して働いても親元を離れず、経済的・精神的に親に「寄生」している未婚男女のことをさす。山田は、このような未婚男女の存在は住宅や家財などの購買力等の経済活動を停滞させ、活気ある社会の創造を妨げると批判する（山田昌弘『パラサイト・シングルの時代』）。現在、三五歳以下の未婚者で、ひとり暮らしをしている人は男性で約三分の一、女性は二割にすぎないという。いかに多くの未婚男女が親と住んでいるかがわかる。男女の多くは、食・住といった基本的な生活コストを負担しないため最も豊かな層――消費の主役となっている。パラサイト・シングルにとって、結婚することはたとえ共稼ぎであっても生活レベルが確実に下がることを意味し、自分が家事をしなければならないなど、物理的・精神的にも負担は大きい。また、親に尽くされることに慣れている男女にとっては、夫婦という対等な関係を結んでいくことは難しい。結局、親元で楽で豊かな生活を送っているパラサイト・シングルは結婚しにくくなる。

結婚に対する意識が変わったこともたびたび指摘される要因である。「男女共同参画社会に関する世論調査」（二〇〇二年）の結果によると、国民の七割以上が「人は結婚してもしなくてもどちらでもいい」と考えていて、なかでも三〇代の女性の九割がこの考えに同意している。一九七〇年代まではほとんど全員が結婚する「皆婚社会」だった日本で、「超・結婚しない症候群」（ハイパー・シングル・シンドローム）が、とくに女性の間で進行している。かつて結婚適齢期を意味した「クリスマス・ケーキ」（二五歳）という言葉はすでに死語となり、今あえていうなら「年越しそば」とか「正月の餅」（どちらも三一歳を意味する）というところらしい。

女性の高学歴化が進み、男女の結婚観のミスマッチが起きていることも、晩婚化の要因として指摘される。『日経ウーマン』（一九九九年七月号）がシングル女性（平均年齢二八・二歳）一九四人に実施した結婚アンケート調査の結果は興味深い。調査結果によると、「結婚相手にいい男」とは、年収が五〇〇〜七〇〇万円で、思いやりがあり、優しく、バイタリティがある人柄で、家事を喜んで分担し、妻への愛情が強く、金銭感覚が互いに同じで、一緒にいて楽な人（とりわけ二〇代の女性の希望）、自分のことは自分でできる人（とりわけ三〇代の女性の希望）という。同誌によると、男女を「一」〜「五」の五段階でランク分け（！）すると、男性ではトップクラスの「五」から結婚するが、女性は中庸の「三」から結婚する。最後まで結婚しないのは、男性ならワーストの「一」ランク、女性ならトップの「五」とワーストの「一」ランクとなる。他の調査結果でも、中卒の男性の未婚率が高いこと、反対に大卒の女性の未婚率が高いことが明らかにされているが、同様な結果となっている。トップランクの女性がキャリアを積み、そろそろ結婚でもと周囲を見回す頃には、「いい男」はすでに結婚している。「できれば結婚したい」という多くの女性が結婚しない理由は、「適当な相手がいない」ということなのだ。

◆子育て支援から次世代育成対策へ

このような晩婚化の結果として少子化が進行しているのだが、少子化をどう評価するかは意見の分かれるところである。結婚しなかったり、子どもを産まなかったりすることは個人の生き方の選択の結果であり、出生率の回復を政策が意図することが適当かどうか、また効果があるかどうかは議論のあるところである。それでも少子化が社会経済全般に大きな影響を及ぼすことは明らかであり、一九九四年一二月に策定された「今後の子育て支援のための施策の基本的方向について」（エンゼルプラン）を端緒として、一九九〇年代後半になると、政府による一連の取組みが進行した。

二〇〇〇年代に入ると、出生率がさらに低下したことを受けて、少子化は克服すべき対応を必要とする緊急な課題とされるようになる。二〇〇二年一月に公表された国立社会保障・人口問題研究所の「日本の将来人口推計」（中位推計）は、そのような傾向に拍車をかけることになった。

「日本の将来人口推計」（中位推計）は、出生率の低下には、従来その要因とされた晩婚化・非婚化に加えて、夫婦間の出生率が低下していることも寄与していることを明らかにした。同研究所は五年ごとに人口推計を行っているが、二〇〇〇年の国勢調査に基づいて二〇五〇年までの新しい人口推計を行った二〇〇二年の報告では、前回の推計を下方修正した。二〇五〇年の出生率は一・三九（前回は一・六一）、出生児数は六七万人（前回は八一万人）、女性の平均初婚年齢は二七・八歳（前回は二七・四歳）、女性の生涯未婚率は一六・八％（前回は一三・八％）と推計した。さらに夫婦の完結出生児数（結婚した夫婦が生涯に産む子ども数）が一・七二人（前回は一・九六人、現在は二・一四人）と、結婚した夫婦の出生児数が減少するという傾向を明らかにした。結婚したカップルの平均出生児数はこの二〇年ほどはほぼ二・二人前後で推移していたのだが、その夫婦の出生児数が減少するという推計である。

これまで少子化の要因とされていた晩婚化・非婚化、それにともなう晩産化だけでなく、結婚しても産まない傾向があるという「悲観的」な数字が公表されたことは、今までの少子化対策の内容を検討し、その範囲を拡大して強力に推し進めることに根拠を与えたのである。

この新人口推計を踏まえて厚生労働省では、二〇〇二年三月に厚生労働大臣が主催する有識者による「少子化社会を考える懇談会」を設置した。同懇談会は九月に中間取りまとめとして、「子どもを育てたい、育てて良かったと思える社会をつくる――いのちを愛おしむ社会」を発表した。「これまで行ってきた対策に加えて、男性を含めた働き方の見直し、地域における子育て支援、社会保障における次世代支援、若い世代の自立支援など、比較的力を入れてこなかった分野にも重点をおいていく必要がある」として、新たな四つのアピールと一〇のアクションを示した。四つのアピールとは、①

男性を含めた働き方を見直し、「仕事時間と生活時間のバランス」の取れる働き方を実現する、②子育てという選択をする生き方が不利にならないよう、「育児の社会化」を進め、企業・地域・政府こぞって子育て家庭を支援する、③「家庭を持って子育て」という生き方にも「挑戦」できるよう、若い世代の成長・自立を支援する、④少子社会の対応を進め、活力ある「老若男女共同参画社会」を実現する、であり、不妊治療をも含む広範な少子化対策を提案した。

「日本の将来人口推計」と「懇談会」の議論を踏まえて、二〇〇二年九月に厚生労働省は「少子化対策プラスワン」を策定した。従来の少子化対策が子育てと仕事の両立支援、とくに保育に関する施策が中心であったと総括し、それに加えて、①男性を含めた働き方の見直し、②地域における子育て支援、③社会保障における次世代支援、④子どもの社会性の向上や自立の促進、という四つの柱に沿って取り組むことを示した。また、「少子化対策」に代わってここでは「次世代育成支援対策」という用語がはじめて使われた。次世代育成支援対策法を策定すること、地方公共団体と大企業の事業主に行動計画の策定を義務づけること、二〇〇三年を次世代育成元年と位置づけて対策の強化を図るという、新たな取組みに向けての一歩を踏み出したのである。二〇〇二年一〇月には、厚生労働省に「少子化対策推進本部」が設置された。

二〇〇三年三月に政府は、「少子化対策プラスワン」を受けて「次世代育成支援に関する当面の取り組み方針」を閣議決定した。七月には次世代育成支援対策推進法と少子化社会対策基本法が成立した。次世代育成支援対策推進法は、「次代の社会を担う子どもが健やかに生まれ、かつ、育成される環境の整備を図るため、次世代育成支援対策について基本理念を定めるとともに、国による行動計画策定指針ならびに地方公共団体及び事業主による行動計画の策定等の次世代育成支援対策を迅速かつ重点的に推進するために必要な措置を講ずる」とし、二〇〇三年と二〇〇四年の二年間を次世代育成支援の準備期間とし、一連の立法措置を講ずるとした。少子化社会対策基本法は、「もとより結婚や出産は個人の決定に基づくものではあるが、こうした事態に直面して、家庭や子育てに夢を持ち、かつ次代の社会を担う子どもを安心して生み、育てることができる環境を整備し、子どもが等しく心身ともに健やかに育ち、子どもを生み、育てる者が真に誇りと喜びを感じることのできる社会を実現し、少子化の進展に歯止めをかけることが、今我らに強く求められている」と、対策を強化する必要性を強調し、推進法同様、広範な少子化対策を推進するとした。

このように二〇〇〇年代に入ってからの少子化対策とは、「子育て支援」を中心とした狭義の少子化対策から、性別役割分業の見直し、雇用環境の整備、青少年の自立の促進、不妊治療等をも含む広義の次世代育成対策を、国、地方公共団体、企業が一丸となって推進すべきものへと変化したのである。

このような少子化対策の拡大は、ジェンダー視点から見て二面ある。働く女性が増加したこと、結婚・出産をめぐる女性の行動が変化したことを少子化の要因とする見方は、子育てと就業の両立を図るための保育サービスや雇用面での整備を進めることになる。男女の性別役割分業を見直す契機にもなる。その一方で、このような少子化対策の拡大は、個人の選択の問題に国が踏み込むことへの危惧を抱かせる。基本法が子どもを持たないことを非難する風潮に拍車をかけることが危惧されたのだった。森前首相が「子どもをつくらない女性が年をとって、税金で面倒をみろというのはおかしい」といった発言は、その典型である。

基本法の法案の審議が国会で始まると反対の声が高まった。とくに、不妊治療を少子化対策に含むことへの反発の声は、子育てグループや不妊の当事者からもあがった。不妊治療への支援は必要だとしても、少子化対策とは関わりなく支援するべきだという意見も多かった。

◇女性が働きやすい労働環境を

上記のような一連の少子化対策は、出生率の低下を押さえることができるのだろうか。いやその前に、若年者（とくに女性）に進行している晩婚化・非婚化に歯止めがかかるのだろうか。この問いに答えることは簡単ではないが、各国の出生率と女子労働力率（労働可能な年齢の女性のうち、どれぐらいが働いているかという率）の関連を示したグラフ（資料3-3）は、一つの答えを提供してくれる。各国は、出生率が上昇（あるいは現状維持）した国（フィンランド、ノルウェー、フランス、スウェーデン）と、低下している国（日本、スペイン、イタリア、ドイツ）とに二分できるのだが、前者に属する国々に共通することとして、女子労働力率が高いことが指摘できる。つまり、女子労働力率が高い国では出生率が上昇している。これは一見すると矛盾する現象のように思われがちだが、女性が働くこと、働き続けることができる国では、出生率が上がっているのである。即ち、出生率が上昇するためには、目先の政策だけではなく（児童手当はまさにこれにあたる）、女性が働きやすい環境を整えることが必要なのである。女性（男性も含めて）の就業と結婚・子育てとが両立できるように、既存の社会制度・慣行を変えていくことが、長期的なビジョンにたった少子社会への基本的な戦略なのである。

4 児童虐待防止法の成立

『新 凍りついた瞳』が描く児童虐待

◇児童虐待の増加・顕在化

一九九〇年代に入ってから、マスコミなどでたびたび取り上げられる子どもを取り巻く深刻な問題に児童虐待がある。全国に一八二カ所ある児童虐待を扱う中核的な機関である児童相談所で、虐待相談処理件数の統計が取られるようになったのは一九九〇年度から。二〇〇〇年度からは、虐待相談の実数を把握するために虐待相談受付数も統計が取られるようになった。虐待に関する相談処理件数の推移をみると、とくに一九九〇年代後半から急増した。統計を取り始めた一九九〇年は一一〇一件であり、最新の統計である二〇〇二年度は二万四一九五件と一九九〇年の約二二倍となった。統計の内容をみると、虐待の種類別件数の割合は、身体的虐待が全体の四六・一％と最も多く、次いでネグレクト（子どもの発達に必要な保護や衣食住の世話を放棄・拒否すること）が三七・七％、心理的虐待が一二・八％、性的虐待が三・五％であった。被虐待児の年齢階層別の割合は、小学生が三五・三％、三歳～学齢が二九・二％、〇～三歳が二〇・八％、中学生が一〇・五％、高校生・その他が四・二％と、その約八五％が小学生またはそれ以下の年齢に集中している。主たる虐待者は、六一・六％が実母であり、次いで実父が二三・七％である（この数字のみ二〇〇〇年）。むろん、これらの数字は児童相談所が関与した件数のみであり、密室である家庭内で行われる児童虐待は外部の目に触れないことも多く、児童相談所の統計は、児童虐待の実態の氷山の一角にすぎない。

近年になって児童虐待が増加した理由としては、都市化・核家族化が進行するなかで地域の子育て機能が低下し、育児困難を抱える母親が増加し虐待を生み出しやすい環境があることが指摘される。また、虐待問題への関心が高まったために、今まで明らかにならなかった虐待問題が顕在化したとも考えられる。このように深刻化した児童虐待に対応するために、二〇〇〇年五月に「児童虐待の防止等に関する法律」が成立した。

◇「児童虐待の防止等に関する法律」の内容

児童虐待の増加・顕在化を背景に、児童虐待防止法の制定が急がれていたが、国会では衆議院青少年問題に関する特別委員会において検討され、同委員会の決議により、第一四八回通常国会における議員立法より可決・成立した。このような迅速な立法過程には、現場の行政担当者、民間の関係団体、活動団体からの活発な働きかけもあった。二〇〇〇年五月に公布され、同年一一月二〇日に施行された。

「児童虐待の防止等に関する法律」の内容について、主要な四点をあげておこう。

(1) 児童虐待とは何かについて規定し、何人も児童に対して虐待をしてはならないことを定めたこと。虐待とは、①身体的虐待、②性的虐待、③放置・怠慢、④心理的虐待、の四種類であることを規定した。これまで何が虐待であるかについての定義がさまざまであったが、これにより虐待の統一的な見解が示された。

(2) 児童虐待の早期発見を義務づけた。国および地方公共団体は、児童虐待の早期発見および児童虐待を受けた児童の迅速かつ適切な保護を行うため、関係機関の連携等の体制の整備、児童の保護に携わる人材の確保および資質の向上、通告義務等の広報・啓発の実施などの責務を規定した。学校の教職員、児童福祉施設の職員、医師、保健師、弁護士その他児童の福祉に職務上関係のある者は、児童虐待の早期発見に努めなければならないとした。

(3) 一時保護や立入り調査の実施が強化されたこと。児童相談所が児童虐待の通告等を受けた場合、児童相談所長は速やかに当該児童の安全を確認するよう努めるとともに、必要に応じて一時保護を行うこととした。都道府県知事は、児童虐待が行われているおそれがあるときは、児童の福祉に関する事務に従事する職員等が、児童の住所または居所に立入り必要な調査等を行うことができるとした。また、児童の安全確認や一時保護、立入り調査に際し必要があると認めるときは、警察官の援助を求めることができることとした。これまで立入り調査は、親子の分離を家庭裁判所に申し立てるための証拠固めと位置づけられていたが、それが申立てとは独立して、虐待の疑いのある段階で実施できるようになった。

(4) 児童福祉司と児童相談所長の任用資格の見直しが、付則の「児童福祉法一部改正」に盛り込まれたこと。児童福祉司の任用資格は児童福祉法で、①養成施設を卒業、②大学で心理学や教育学を専攻、③医師、④二年以上児童福祉事業に従事、⑤上記に準ずる者、等と定められていたが、国家資格の社会福祉士を追加し、さらに⑤「準ずる者」を「同等以上の能力を有する者」と改めた。従来は、⑤の準ずる者、という規定があるために、一般の行政職が児童福祉司や児童相談所長になることも珍しくなく、専門性が疑問視されてきた。これにより児童相談所の専門性が高まることになる。

同法ができたことにより、児童虐待へ向けられる行政や関係者の目は厳しくなった。発見・通報、初期介入における動きは明らかに活発化した。しかし、まだ残された問題は多い。同法は三年後の見直しが定められているので、改正が目前に迫った現在、初期の介入だけでなく、中・長期的な取組みができる法改正が要望されている。すでに厚生労働省の専門委員会をはじめとして、各民間団体から改正に向けての報告書・要望書が提出された。それらは、厚生労働省社会保障審議会児童部会「児童虐待の防止等に関する専門員会」、各党の共同提案である「共生社会に関する調査会」、日本弁護士連合会「児童虐待防止法制における子どもの人権保障と法的介入に関する意見書――児童虐待防止法の見直しにあたって」、日本子どもの虐待防止研究会「児童虐待防止法・児童福祉法改正への提言と意見」、全国児童養護施設協議会「子どもを未来とするために――児童養護施設の近未来」、里親支援アン基金プロジェクト「児童虐待防止法の改正及び里親制度の充実に関する要望」等である。これらのなかで述べられている改正点は多岐にわたっているが、共通することとして、司法手続を進めるための司法機関の整備、児童相談所の機能強化、児童養護施設等の環境整備、里親制度の充実、虐待する親への治療アプローチ等である。

◇『新　凍りついた瞳』が描く児童虐待

ささやななえが描く『新　凍りついた瞳（め）――子ども虐待ドキュメンタリー』（原作椎名篤子）は、児童虐待をテーマとするコミックである。前書『凍りついた瞳（め）』が出版されたのが一九九五年。当時は今ほど児童虐待が多くの人の関心事ではなかったが、大きな反響を呼んで、児童虐待の実態を知らしめることになったコミックであった。親による虐待を受け、一時保護所に保護された子どもは、表情のない冷たい目をしている。こういった目を医学用語で「凍りついた凝視」という。親の愛情が暴力や放置などに姿を変えたとき、自分の存在を親に頼れない子どもはしだいに表情を失っていく。それが「凍りついた凝視」といわれるゆえんであり、そういう瞳をした子どもを援助するさまざまな職種の人々の姿を描いた、この本のタイトルの由来でもある。

前書では、主として医師や保健師等、児童虐待に関わる仕事に従事する人々が描かれたのだが、二〇〇三年九月に出版された本書では、虐待を受けた子どもたちの「居場所」を中心に描いている。コミックの原作者である椎名篤子によると、「ここに選んだいくつかのテーマは、二〇〇三年度内に予定されている児童虐待防止法の改正を考える内容でもある。同法や関連法の改正には、社会からの強い要請が必要であり、ぜひとも全国各地で、改正への大きな声を上げていただきたいと思う。」と書いている（椎名篤子『新 凍りついた瞳（め）』）。適切な初期介入により、子どもの危機を救うことはもちろん重要であるが、児童養護施設をはじめとする虐待された子どもたちの暮らす場所が、虐待された子どもの心を癒し、大人への信頼を取り戻す所にならなければならない。乳児院、児童養護施設、自立援助ホーム等を舞台に、虐待を受けた子どもに関わる人々の姿を描いている。以下は、そのコミックのなかの一話である。

「史哉（ふみや）は、一歳一カ月のときに乳児院に入所してきた。母親は、未熟児で生まれた史哉の育児疲れから、十分にミルクを与えず、衣服も着替えさせずに放置していた。ネグレクトといわれる子ども虐待である。乳児院に入所したばかりの史哉は、音に敏感で、何かにびっくりしてはすぐ泣く。母親が、物差しや台所の道具でベビーベッドを叩き、史哉を泣きやませようとしたからだった。担当保育士が史哉に声をかけ、抱きしめ、背負った。ここは安全で安心な場所だよ、もう大丈夫、もう大丈夫と繰り返し伝えることが、何よりも大事なことだった。乳児院で大切にされ、生きる力を取り戻しつつある史哉の様子が記録に記入されるようになった。

しかし、満二歳になった史哉は、児童養護施設に措置変更される。乳児院は児童福祉法が定めるところにより満二歳までしかいられない。乳児院に児童養護施設が併設されているところもあるが、全国一一五の乳児院のうちの五四施設だけである。史哉は、二歳から高校三年生までの子ども六〇人が

彼は母親からネグレクトを受けておりそれに気づいた保健所からの通告で児童相談所に保護された
ごめんねーびっくりしたねー
ネグレクトとは不適切な養育保護の怠慢養育の拒否と訳されている
史哉は充分にミルクや離乳食を与えられず衣服も着替えさせてもらえずに放置されていた
お腹《なか》がすいて泣くと母親はベビーサークルをたたいて泣きやませようとした
ドン
ドン
ドン
その音の記憶が史哉を苦しめていた
だがその一方で誰に抱かれても泣かなかったり
あらいーわねェ史哉くんダッコしてもらって
キャッ
キャッ
誰彼かまわず笑ったりした
愛情障害を起こしている…
担当になった保育士の星野《ほしの》は虐待を受けて入所してきた乳児が同じような症状を示すのを何度も見てきていた

（出所）　椎名篤子原作，ささやななえ著『新 凍りついた瞳《め》』集英社，2003年。

暮らす大舎制の児童養護施設に入所する。予想されたように、慣れ親しんだ環境から引き離された史哉は新しい施設になかなか慣れなかった。職員の人数も、施設最低基準によって乳児院より格段に少ない。眠っているのに叫んだり泣いたりする夜驚の症状も示した。それでも職員のケース会議で、信頼関係を図っていく方針が立てられ、保育士の休日を返上しての付き添いによってしだいに生活が落ち着いた。

八歳になった史哉に大事件が起こる。父親が史哉を強制引取りしたのだ。離婚した父親は孤独感にさいなまれ、史哉をそばに置きたいと願ったのだ。父親は児童相談所に何回か相談に来た。しかし、離婚をきっかけに働く意欲をなくした父親には一定の収入がなく、史哉を養育できる状況ではなかった。児童相談所は引取りはできないと伝えたが、酒に酔った父親は児童養護施設に乱入し、施設側はなすすべもなく、史哉は連れ去られてしまった。児童相談所からは、父親が引取りに行くかもしれないという連絡はなかった。半年後に史哉は保護されたが、父親に殴られながら簡易旅館やサウナを泊まり歩いた経験は、史哉の心にまた深い傷を残したのだった。

施設に戻った史哉は、週末里親の制度を利用しながら児童養護施設で暮らしていた。自分の子どもを育ててあげて時間ができた六〇代の夫妻が、史哉を週末に家庭に預かるのである。史哉は一泊か二泊して、博物館やプールに連れていってもらい、家庭で作った食事をとる。しだいに史哉の生活はおだやかな落ち着いたものとなっていった。しかし高校三年生になると今後の進路を決めなければならない。児童養護施設には高校卒業までしかいられない。トップクラスの成績の史哉は大学進学を希望したが、入学金や授業料以外にも、住むところを決めて家賃と生活費を工面しなければならないために断念する。児童養護施設から大学・短大へ進学した子どもは、八％しかいない。史哉は寮つきの工場に就職し、働きながら夜間大学へ行こうと決意する。」

◇児童養護施設の役割

児童養護施設は全国に五五〇施設、公立六六カ所、私立四八四カ所で、二歳から一八歳までの三万四五六人の子どもが生活している。施設の種類としては大舎制、中舎制、小舎制、グループホームがあるが、約七割は大舎制である。児童養護施設の役割は、時代の要請によって変化してきた。第二次世界大戦後には、戦争で親を亡くしたり、放浪していた子どもたちを入所させ、養育する役割を果たしてきた。高度経済成長期以降には、家族の変化により家庭で暮らせない事情のある子どもたちを受け入れてきた。そして現在では、親からの虐待を受けて保護された子どものたちの居場所を提供している。日本子どもの虐待防止研究会が二〇〇三年にまとめた報告書によると、児童養護施設における被虐待児の入所率は五〇・二％だという。

児童養護施設には新たな役割が課せられたのだが、虐待を受けて入所してきた子どもをどうケアするのかについては、まだ模索中といったところである。『新　凍りついた瞳（め）――子ども虐待ドキュメンタリー』が描いているように、虐待を受けた子どもにとっては、乳児院と連携した養育や小規模施設が有効かもしれない。子どもの心をケアするためには、施設最低基準の見直しも必要だろう。

里親制度のような他の制度との連携も検討の課題である。児童養護施設に代表される、虐待を受けた子どもの「居場所」を整備し検討することは、児童虐待防止法の改正の重要な課題なのである。

5 子どもの権利とジェンダー ――学校教育における「ヘンな規則」を見直そう

◇男女平等教育と子どもたち

子どもにとってのジェンダー問題が取り上げられたり、議論されるようになったのは、ごく最近のことでしかない。子どもとは、ジェンダー「中立的」なものであると考えられていたからである。もちろん、今までにも子どもがジェンダーとまったく無関係とされてきたわけではなく、性教育や家庭科共修、教科書における男女の描かれ方等、学校教育のなかでのジェンダーの偏在が取り上げられ、検討が加えられてきた。しかしそれらの取組みとは、性教育を別にすれば、「ジェンダー・バイアスの克服」――男女平等教育の推進に目的が合わされていた。

「ジェンダー・バイアスの克服」とは、家庭科女子のみ必修や男女の固定的な役割を描いている教科書にみられるような「明示的なカリキュラム」を克服すること、または男女別名簿の採用や、教師が学校の仕事や係を男女に分けて割り当てること、「女はどうせ嫁に行くから」というようなステレオタイプに基づいた発言等――「隠れたカリキュラム」の克服である。子どもを「男の子らしく」

「女の子らしく」と性別役割分業観によってしつけたり、男性であることを優先させて女性であることを差別することを是正・排除し、男性でも女性でも性にとらわれずに、それぞれの可能性を伸ばす教育が志向された。

「隠れたカリキュラム」はまだ克服されたとはいえないが、「明示的なカリキュラム」に関しては、中学校の家庭科の男女共修が一九九三年度から、高校では一九九四年度からそれぞれ実現した。この背景には、女性差別撤廃条約一〇条に定められた「男女同一の教育課程」に抵触するため、同条約批准に先立ち見直されたという経緯がある。「男が先、女が後」である名簿に関しても、男女混合名簿を採用するところも増えつつある。このような取組みの一方で、教育の場に持ち込まれたもう一つのジェンダー問題——性をもつ子どもとしての問題——が、「子どもの権利条約」を契機として取り上げられるようになった。

◇「子どもの権利条約」の批准をめぐって

子どもの権利については、一九五九年に国連が「子どもの権利宣言」を行っているが、これをより具体的に発展させるために採択された国際条約が「子どもの権利条約」である。「子どもの権利宣言」三〇周年にあたる一九八九年一一月に国連総会で採択された。この条約は単なる道義的な文書ではなく、条約締結国に対して、一八歳未満の子どもの権利を法的・行政的に保障することを義務づけたものである。一三段に及ぶ前文と、三部構成の五四条からなるこの条約の最大の特徴は、従来ほとんど重視されてこなかった、参加あるいは能動的権利等、子どもの市民権および政治権にスポットを当てたところにある。具体的には、意見表明権、表現の自由、思想・良心・宗教の自由、結社・平和的な集会の自由、プライバシー・通信・名誉等を保護される権利を明記している。これらは「保護される存在としての子ども」観から、「固有の人格主体、権利の主体としての子ども」という子ども観への転換を意味している。条約は、四九条に規定するところにより二〇カ国の批准を経て、一九九〇年九月に発効した。

日本は同年九月に、子どものための世界サミット開催を前に署名したが、批准したのは一九九四年五月であった。国内法や慣習・子ども観などが、「子どもの権利条約」と抵触する点が多々あるために、福祉・教育・児童文化・司法など子どもに関するあらゆる現状と施策を見直し改善することが、批准に向けて議論されたのだった。学校教育との関わりでは、とくに校則や体罰に代表される「厳しさ」が議論の的となった。納得のいかないさまざまな校則があること、あるいは校則ではないけれども、暗黙の「押しつけ」や「慣習」があること、またそれらのうちにはジェンダーをめぐる問題があることが指摘された。子どもの人権とは、ジェンダーと深く関わる問題なのである。

具体的には、体操や水着の着替えや身体検査等に性による配慮がないこと、とくに小学校の低学年で行われている男女一緒の教室での着替えや、男女にかかわらずパンツ一つで行われる身体検査がそれである。従来、子どもだからと当然のように行われてきたことが、ここにきてやっと見直されるべき問題になったのである。

◇長野県の調査から

「校則」や「慣習」による押しつけがどの程度行われているのかを知る全国的な調査はない。地域による差が大きいこともその理由で、その実態は各地域ごとにみていくほかないようだ。条約の批准をめぐって議論が起こった当時、著者が長野県で行った調査（一九九四年）をここでは紹介しておこう。

短期大学の学生に、義務教育時にどんな「規則」があったかを聞いたところ、多くの学生が答えたことは、通学時には「小学生は体操服を」「中学生は制服を」着る。給食時には「エプロン、マスク、紅白帽をかぶり」「挨拶をしてから」「三角食べ」（主食、副食、汁を順番に食べる）をする。清掃時には「体操服を着て」「服装のチェックをしてから」「無言で清掃する」。小学生の低学年では、体操や水泳の授業の「着替えは男女一緒」で、身体検査も「男女一緒」で「白いパンツ一枚」で行う。また、小学校の低学年では、水泳の授業での水着が「男女とも海水パンツ」だったと答えた学生が三割もいた。学生たちは、性による配慮のないこと——男女一緒の着替えや、身体検査を不快に感じていた。とくに身体検査は、男性でも担任が立ち会うこと、パンツ一枚で行われることを不快だと感じていた。「白いパンツ」や「白いトレパン」を身体検査や体操の授業に義務づけられることが生理時には苦痛であったとも多くの学生が答えた。

もっともこれらの調査結果は、短大生の小学校・中学校時代に行われていたこと（一九八〇年代）を尋ねたものであるから、実際に行われていることとは時差がある。実態を知るために実際に小・中

（出所）　さくらももこ『ちびまる子ちゃん』第6巻，集英社刊。
©さくらプロダクション。

学校を尋ねて聞取り調査も行ったが、改善されたところと、改善されていないところがほぼ半々であった。通学や給食時や清掃時の服装はあまり変わってはいない。水着の着替えは男女別々にするところが増えたが、体操の着替えは依然として男女一緒のところが多い。保健室で年に数回、保健の先生が測定して、担任の先生が記入する身体検査は男女別々に行われるようになってはいるが、男女ともに「白のパンツ一枚」というのが今でも多くの学校での決まりである。なかには、「生理中は二枚重ね許可」という「配慮」をしているところもあった。

「信州教育」といわれる長野県は、教育にもしつけにもことさら厳しいといわれるが、このような実態はそれを反映しているからだろうか。しかし、さくらもも子の『ちびまる子ちゃん』にも、水泳授業での男女一緒の着替えのシーンが出ている。特製の「着替え袋」をつくってもらったみぎわさんは、巨大な虫のようにそのなかに入ってモゾモゾと着替えをする。それを見たまる子は、自分もお母さんにつくってもらおうかなーと考える、というシーンである。静岡県清水市（現在の静岡市清水）の小学生であったちびまる子ちゃんもそうだとすると、このような配慮のなさはとくに長野県だけのことではないようである。性差別を排除することと性差を考慮することは、違った文脈のなかの、いずれも同じ子どものジェンダー問題なのである。

◆ 働く親の子どもにも配慮を

教育の場に存在する男女差別としては、大学進学率の差や進学分野の差というような「機会の平等」や「結果の平等」は比較的語られやすい。しかし、前述したような「何となく不快なこと」「ちょっとおかしいと感じること」は、公の問題としては語られないことが多い。地域的な問題、その子どもの感じ方の問題として子ども全体が共有する問題にされにくい。あるいは子ども自身（むろん教師や保護者も）もはっきりとは気づかないこともあるかもしれない。改めて見直す必要があるようだ。

「変な校則」については、子どもに関連すること以外にも問題がある。（多くは母親が）手間をかけることを求めることもその一つだろう。多くの親が働いている現状では、そのような規則を見直すことも必要だ。たとえば福岡賢正『男の子育て風雲録』は、子どもが通った小学校の変な校則の一例として、名札を安全ピンではなく、服に縫いつけねばならないという規則をあげている。小学校は制服ではないから、持っている服のほとんどに名札を縫いつけなければならないし、季節ごとに、背が伸びるごとに親は戦時中のようなアナクロな名札縫いに追われる。毎年PTA総会で要望が出るにもかかわらず、校則は変わらず、なぜ縫いつけ式でないといけないのか、それは今もって謎だという。子どもをめぐって見直すことはまだまだたくさんあるのかもしれない。

子どもの権利条約が批准されてからほぼ一〇年がたったが、まだまだ日頃の学校生活のなかでは大きな変化がみられたとはいえない状況がある。保護の対象としての子ども観、大人の付属物としての子ども観が十分に克服されてはいないからである。このような状況を変えていくためには、子どもの権利をジェンダーの視点でとらえなおすことが必要とされている。

資料3－1　1990年代以降の少子化対策一覧

年	会議・答申等取組み	関連政策
1990	「健やかに子どもを育てる環境づくりに関する関係省庁連絡会議」設置	
1991		児童手当法改正，育児休業法成立
1992	「健やかに子どもを育てる環境づくりに関する施策の推進状況と今後の方向」報告。「ウェルカム・ベビー・キャンペーン」（厚生省後援）開始	
1994	「エンゼルプラン」策定。「緊急保育対策等5カ年事業」策定	
1995		育児休業法改正（育児・介護休業法へ改称）
1997	「少子化への対応を推進する国民会議」設置。人口問題審議会報告書「少子化に関する基本的考え方について」	児童福祉法改正（1998年4月施行）
1998	「少子化への対応を考える有識者会議」設置。有識者会議答申「夢ある家庭づくりや子育てができる社会を築くために」	
1999	「少子化への対応を推進する国民会議」発足。少子化対策基本方針策定。「新エンゼルプラン」（2000年～04年度）策定	男女共同参画社会基本法成立
2000	国民会議報告書「国民的な広がりのある取り組みの推進について」	児童虐待防止法，社会福祉法成立。児童手当法改正（支給対象年齢拡大）
2001	「仕事と子育ての両立支援索の方針について」策定。「健やか親子21」策定	児童手当法改正（所得制限緩和），育児・介護休業法改正。児童福祉法改正
2002	「少子化対策プラスワン」策定。「少子化社会を考える懇談会」設置。懇談会中間とりまとめ「子どもを育てたい，育てて良かったと思える社会をつくる――いのちを愛おしむ社会」	
2003	少子化対策推進関係閣僚会議「次世代育成支援に関する当面の取り組み方針」	次世代育成支援対策推進法，少子化社会対策基本法成立。児童福祉法改正

（出所）　著者作成。

資料 3－2　日本の将来推計人口

	今回中位推計（2050 年）	現在の状況（2000 年）	（参考）前回中位推計（2050 年）
合計特殊出生率	1.39	1.36	1.61
平均初婚年齢（女性）	27.8 歳	24.4 歳	27.4 歳
主婦の完結出生児数	1.72 人	2.14 人	1.96 人
生涯未婚率（女性）	16.8％	4.9％	13.8％
出生児数	67 万人	120 万人	81 万人
65 歳以上人口割合	35.7％	17.4％	32.3％
平均寿命（男）	80.95 年	77.64 年	79.43 年
（女）	89.22 年	84.62 年	86.47 年

（注）1.合計特殊出生率：1人の女性が一生（15〜49 歳）の間に産む子どもの数。
2.夫婦の完結出生児数：結婚した夫婦が生涯に産む子ども数。
3.前回推計は，1997 年1月に行ったもの。

（出所）国立社会保障・人口問題研究所「日本の将来推計人口（2002 年1月推計）について」2002 年から抜粋。

資料3-3　女性（25〜34歳）の労働力率と出生率（1995年）

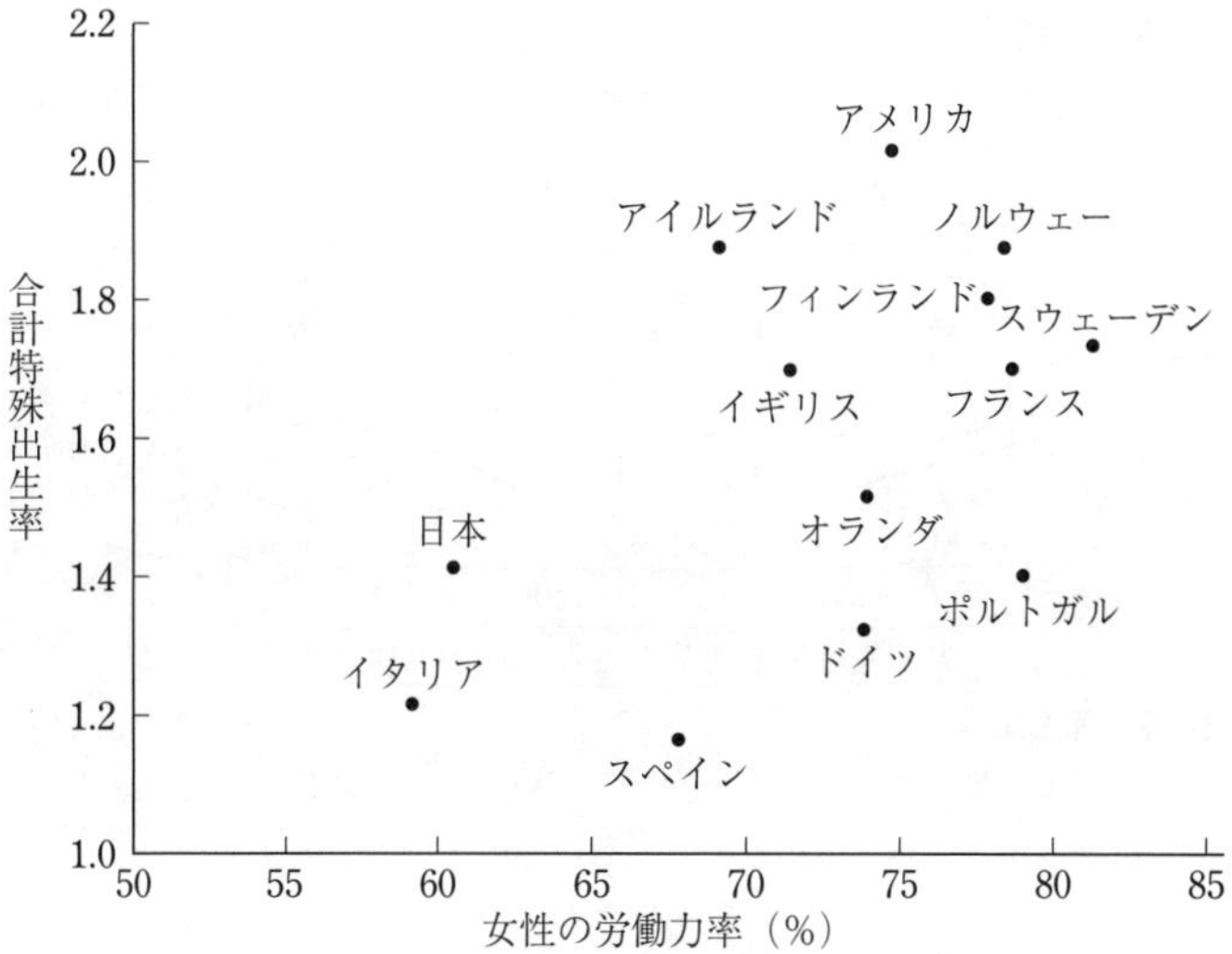

（出所）　清家篤・岩村正彦編『子育て支援策の論点』社会経済生産性本部，2002年。

資料3-4 「少子化対策プラスワン」の概要

(1) 基本的考え方

・「夫婦出生力の低下」という新たな現象を踏まえ，少子化の流れを変えるため，少子化対策推進基本方針の下で，もう一段の少子化対策を推進。
・「子育てと仕事の両立支援」が中心であった従前の対策に加え，「男性を含めた働き方の見直し」など4つの柱に沿った対策を総合的かつ計画的に推進。

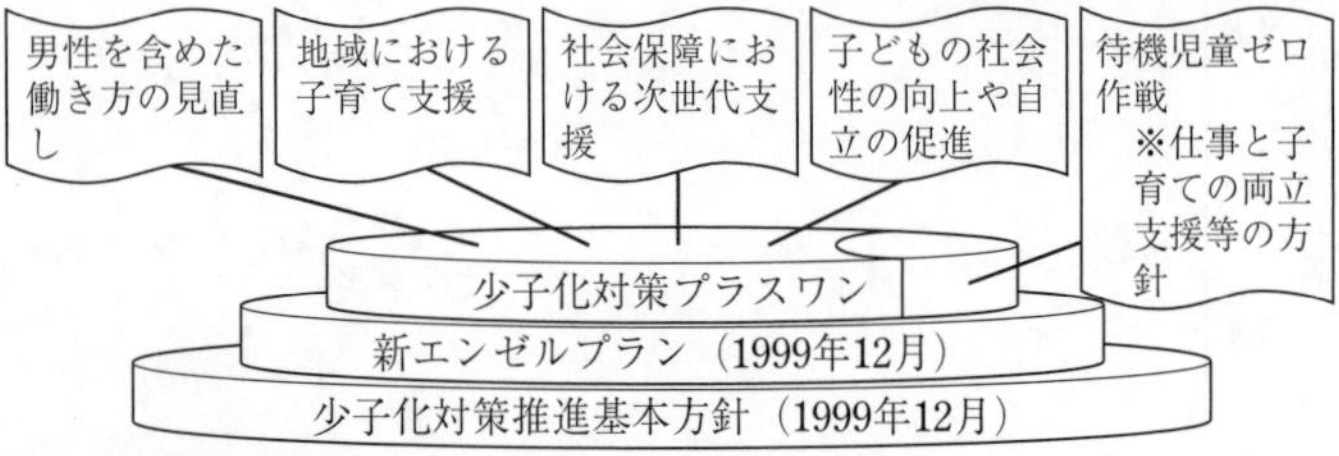

(2) 主な取組み

(a) すべての働きながら子どもを育てている人のために

① 男性を含めた働き方の見直し，多様な働き方の実現
・子育て期間における残業時間の縮減
・子どもが生まれたら父親の誰もが最低5日間の休暇の取得
・短時間正社員制度の普及

② 仕事と子育ての両立の推進
・育児休業取得率（男性10%，女性80%），子どもの看護休暇制度の普及率（25%），小学校就学の始期までの勤務時間短縮等の措置の普及率（25%）として，具体的目標を設定
・目的達成に向け，さまざまな促進策を展開

③ 保育サービス等の充実
・待機児童ゼロ作戦の推進
・パートタイムなどで働いている人のための新しい「特定保育事業」（※）の創設
※週2～3日，午前または午後のみの利用といった柔軟な保育サービスを提供
・保育ママについて，利用者の必要に応じた，利用日数・時間の弾力化

(b) 子育てしているすべての家庭のために

① 地域のさまざまな子育て支援サービスの推進とネットワークづくりの導入
・子育て中の親が集まる「つどいの場」づくり，地域の高齢者や子育て経験のある人による子育て支援を推進
・「子育て支援相談員」による子育て支援情報の発信

・子どもとサービスをつなぐ「子育て支援委員会」の小学校区単位での設置

② 子育てを支援する生活環境の整備（子育てバリアフリー）
・公共施設等への託児室，授乳コーナー，乳幼児に配慮したトイレの設置促進
・「子育てバリアフリー」マップの作成，配布

③ 社会保障における「次世代」支援
・年金制度における配慮(年金額計算における育児期間への配慮の検討)

④ 教育に伴う経済的負担の軽減
・若者が自立して学べるようにするための奨学金制度の充実

(c) 次世代を育む親となるために

① 親になるための出会い，ふれあい
・中高生の赤ちゃんとのふれあいの場の充実

② 子どもの生きる力の育成と子育てに関する理解の促進
・体験活動や世代間交流の推進

③ 若者の安定就労や自立した生活の促進
・若年者に対する職業体験機会の提供，職業訓練の推進，就労支援など

④ 子どもの健康と安心・安全の確保
・食を通じた家族形成や人間性の育成（食育）
・安全で快適な「いいお産」の普及

⑤ 不妊治療
・子どもを産みたい人に対する不妊治療対策の充実と支援のあり方の検討

(3) 今後の推進方策

国	少子化対策の具体的検討を行うために「少子化対策推進本部」を厚生労働省に設置する
	少子化対策をもう一段推進し，対策の基本的な枠組みや，とくに「働き方の見直し」等ただちに着手すべき課題について，立法措置を視野に入れて検討を行い，年末までに結論を得る
地　域	地方公共団体における行動計画の策定等
企　業	推進委員会の設置や行動計画の策定（「多様就業型ワークシェアリング」も視野に入れる）

（出所）　厚生労働省「少子化対策プラスワン（要点）」2002年9月。

第4章

シングルマザーをめぐる政策

1 母子世帯と児童扶養手当

母子世帯調査が明らかにするジェンダー問題

◇母子世帯の趨勢

二〇〇一年三月に厚生労働省は、「平成一〇年度（一九九八年度）全国母子世帯等調査結果の概要」（以下、「概要」とする）を発表した。これは五年ごとに行われる母子世帯と父子世帯を対象にした調査の結果報告であり、現在知りうる最新の調査結果である。次回に調査が行われたのは二〇〇三年度であるが、数年後にならないと報告書が出ないからである。

この「概要」は、母子世帯の実情をよく伝えてくれる。まず、母子世帯の趨勢をみると、母子世帯は急増ではないながらも暫増し、今回発表された一九九八年度調査ではじめて九五万世帯を超えた。その出現理由としては年々「死別」が減少し、「生別」（主として離婚と未婚の母）が増加した。今回の調査では、とくに未婚を出現理由とするものが前回調査に比べて八四・八％増加した。これに比べて父子世帯は、調査を始めた一九八三年以来ほとんど総数の変化はなく、一六万世帯前後を行き来している。出現理由として、「死別」が減少して「生別」が増加したことは母子世帯と共通する変化である。それでも「死別」が父子世帯の三一・八％を占めていて、母子世帯では一八・七％であることと比べて高いことが特徴である。

一般的に子どもは母親と暮らすもの、とされているために、父母の離婚等の「生別」が増えれば母子世帯が増加することになる。「死別」をはじめとして、子の母が子どもと暮らせない特別の事情がある場合のみ、子どもは父と暮らす父子世帯となる。このような理由から父子世帯は増加しないものの、母子世帯は少しずつ増加した。ただし母子世帯が全世帯の一七％を占めるに至ったアメリカのような増加ではなく、国民生活基礎調査（一九九八年）の全世帯数の割合でみると、母子世帯は全世帯の二・一％、父子世帯は〇・四％を占めるにすぎない。

「概要」はまた、母子世帯が直面しているさまざまな困難を明らかにする。その困難の最大なものは経済的困難であり、母子世帯の年間平均収入（一九九七年、平均世帯人員三・一六人）は二二九万円である。同年の一般世帯の年間平均収入（平均世帯人員二・九五人）は六五八万円（「平成一〇年度国民生活基礎調査」）なので、母子世帯の年間収入はその約三分の一でしかない。父子世帯（平均世帯人員三・四五人）のそれは四二二万円と、母子世帯よりは高いけれども、一般世帯の収入をかなりの程度下回る。

このような年間収入の差は、母子世帯と父子世帯の就労状況の違いを反映している。母子世帯の母の八四・九％が就労しているが、うち常用雇用者は五〇・七％。父子世帯の父の八九・四％が就労しており、うち七五・三％が常用雇用者である。

このように「概要」は、母子世帯の抱える困難――女性が子育てと働くことを両立させることが難しいこと――を明らかにする。親が二人いることを基本とする社会で、一人で子育てと仕事を担うことはさまざまな困難を抱えることになる。このような困難は母子世帯・父子世帯ともに共通な困難ではあるが、母子世帯のほうが多くの困難を抱えている。ジェンダーから派生する困難が、就労をはじめとするさまざまな分野に出現するため、より多くの経済的困難を抱えるからである。母子世帯の抱える困難とは、ジェンダーと関わりのある問題なのである。

◇なぜ母子世帯が増えないのか

「概要」が明らかにするように、母子世帯が暫増しているとはいっても、上述したアメリカのように急増しているわけではない。母子世帯がアメリカのように増加しないことをもってして、日本の家族が「安定」しているととらえられることが多いが、果たしてそうなのだろうか。なぜならば、母子世帯が急増しない理由として、きわめて日本的な理由が考えられるからである。

一つ目の理由は、日本的な家族関係である。母子世帯が親や親族と同居することによって独立した世帯を構成しないこと。または、なるべく離婚を選択しないようにすること。近年増加したとはいっても、日本の離婚率は先進工業国のなかではきわめて低い。二つ目の理由は、公的援助の不備とその背景にある公的援助の女性観である。現行の社会福祉制度は、母子世帯となった理由別に母子世帯を振り分ける。死別による母子世帯は、援助に値するものとして国民年金法のもとに遺族年金の対象として保護される。離婚や未婚による母子世帯は、援助に値しないものとして公的援助を厳しく制限される。なかでも未婚による母子世帯への援助は最も制限される。社会福祉に内在する、このような結婚を軸とするスティグマの存在は、公的援助を受給する母子世帯を抑制することに働く。そして同時にこのような抑制が、離婚や未婚の母の出現を抑制するという二重の抑制となるのである。

そうだとすると、全世帯数の二・一%という母子世帯の低い出現率にこそ、日本のジェンダー問題の特徴が表れているともいえるだろう。つまり現在の日本では、一九八〇年代にアメリカで進行したような「貧困の女性化」――母子世帯が貧困層に沈殿し、公的援助の受給層が母子世帯によって占められること――は顕在化してはいないけれども、それが顕在化するのを妨げているのは女性に対する二重の抑制かもしれない。そうだとすると日本の女性が置かれている状況とは、「貧困の女性化」が顕在化する以上に厳しいということになる。

このような二重の抑制があるにもかかわらずに出現した母子世帯とは、多くの困難に直面することになる。母子世帯を対象とする有効な社会福祉の援助の体系が必要とされるゆえんである。

◇児童扶養手当の改正をめぐって

母子世帯に対する主たる経済的援助とは、児童扶養手当である。児童扶養手当とは、生別母子世帯を対象に行われる現金給付制度であり、父母の離婚等により父と生計を同じくしない一八歳未満の児童（または二〇歳未満で一定の障害の状態にある児童）を養育している母に給付される。児童一人の場合、月額四万二三七〇円、児童二人の場合は四万七三七〇円、三人以上は児童一人につき三〇〇〇円が加算される。所得制限は、受給者の前年の年収二〇四万八〇〇〇円未満（二人世帯）。現行の制度は二段階制になっていて、二〇四万八〇〇〇円以上三〇〇万円未満の場合は、一万四〇二〇円につき支給停止（二〇〇二年七月まで）。二〇〇二年度末で八二万世帯が受給している。「概要」によると、生別母子世帯の約七割が受給しており、母子世帯の実態からすると児童扶養手当はまさに母子世帯の「命綱」となっている。

母子世帯が急増しているわけではないが、離婚等の増加により生別母子世帯が増加するため、児童扶養手当を受給する母子世帯は毎年暫増する。そのため、総支出額を抑える改革案がたびたび実施され、そのつど受給が厳しく制限されてきた。最近では、一九九八年度の児童扶養手当の実施にあたって、全額支給される対象はこれまでと同じだが、減額支給となる年収の上限が四〇七万八〇〇〇円未満から三〇〇万円未満へと切り下げられた。これにより約七万世帯が受給できなくなった。

さらに、二〇〇二年度の実施に向けて登場した児童扶養手当の改革案は、おおいに物議をかもしたのだった。社会保障関連費の伸びを抑制する二〇〇二年度予算で、厚生労働省は児童扶養手当分として二〇〇一年度比〇・一％減の二六三七億円を要求した。つまり、離婚の増加で見込まれる自然増分の約一〇億～二〇億円の上乗せを分を見送ったのである。これにより、二〇〇二年度中に制度改革をして、自然増分の費用を抑制しなければならないことになったからである。

二〇〇一年度末に明らかにされた改革案は、給付抑制と就労支援策の充実という二本立ての改正案であった。給付抑制の最も大きな改正は、月四万二三七〇円の満額支給となる対象を年収一三〇万円未満に限定すること（従来は二〇四万八〇〇〇円未満）。一方で、一部支給となる世帯の範囲を年収三六五万円未満にまで拡大する（従来は三〇〇万円未満）。そして年収一三〇万円以上三六五万円未満の層には、現在の二段階支給制をさらに細分化し、手当額を月四万二三六〇円から月一万円まできめ細かく設定する。この見直しが実施されると、たとえば年収二〇〇万円世帯の場合、手当を含めた総収入は二三八万円となり、改正前と比べて年一三万円の減。年収二五〇万円世帯の場合、総収入は二八〇万円となり、年四万円の減となる。一方で年収三〇〇万円世帯の場合、これまでは手当を受け取れなかったが、年二二万円の手当を受け取れるようになる。ゆえにこの見直し案は、低収入世帯に対してとくに厳しい。そのほかにも、支給期間を五年間に短縮する、現在は所得から除外されている子の父からの養育費を収入に算入する、子の父が養育費を支払うよう法律に努力義務を明記する、という案も提出された。

母子世帯への就労支援策としては、「子どもの幸せを第一に考えた総合的な母子家庭等の自立支援策」を行うとして、①職業訓練を充実する、②母子世帯の母を雇った企業に給付される「特定求職者雇用開発助成金」の支給要件を緩和する、③母子世帯への福祉貸付金を充実する、ことがあげられた。

◇母子世帯の自立を援助するために

二〇〇二年度の実施に向けての改正案は、母子世帯の実態を無視したものだとして、各方面から反対の声があがった。給付を抑制する方法に関しては、とくに所得の低い母子世帯から減額することが反対された。支給期間を五年間に限定することも、教育費がかかる中・高生になったときに手当が打ち切られることであり、子育てがいっそう困難になることが予想される。また就労支援の充実といっても、職業訓練のための資金の貸付けや福祉事務所での総合的な相談を行ったとしても、すぐに効果が上がるものではない。就労支援を行うのと引き換えに支給額を減額するのではなく、効果が上がったあとに児童扶養手当を見直すべきである。また、子どもの父が養育費を支払うことを強化することは必要だとしても（離婚したからといっても、子育て責任は父にもあるわけだから）、改正案がそれを促進するとは考えにくい。養育費が支払われた場合、その額は母子世帯の母の自己申告により収入に換算され、児童扶養手当の所得制限が適用されるということは、父の支払い意欲を促進させることにはならないだろう。子の父が養育費を支払うよう法律に努力義務を明記する、という案とも矛盾する。

改正案に対する反対運動の中心となっているのは、母子世帯の母たちがつくる自助団体「しんぐるまざぁず・ふぉーらむ」である。同団体は、一九八五年に行われた児童扶養手当の大改革に反対するために結成された団体（結成当時は、「児童扶養手当の切り捨てを許さない連絡会（児扶連）」という名称であった）であり、その後も活発な運動を展開している。児童扶養手当が毎回削減の危機に直面しながらも何とか継続しているのには、このような当事者による活動があるからともいえるだろう。

不況の影響で、解雇や正社員から契約社員への切替え、時給の切下げ等、雇用の不安定化は母子世帯の母たちを直撃している。不況の影響を受けるのは母子世帯の母たちだけではないものの、もともと労働の場に出現するジェンダーの問題は、女性――とくに子育て中の女性――に圧倒的に不利に出現する。ゆえに母子世帯の母を対象とした、抜本的な就労支援が必要なのである。たとえば、二〇〇二年度の改正案には、就労支援として、母子世帯の母たちのための職業訓練を充実するための資金の貸付けがあげられている。しかし、従来の「女性職」（美・理容師、事務、ホームヘルパー等）に限定されている職業訓練を充実させるだけでは、現行の労働分野のジェンダー偏在を打破することはできない。自動車修理工や電気工事技師といったような「男性職」を含めるといった試みも必要だろう。

しかし、二〇〇二年八月に児童扶養手当制度が改正され、記述したような新しい給付方法に改正された。また、母子及び寡婦福祉法、児童扶養手当法、児童福祉法、社会福祉法の一部改正を内容とする「母子及び寡婦福祉法等の一部を改正する法律」が二〇〇二年一一月に成立・公布され、二〇〇三年四月一日から実施された。この法改正により、児童扶養手当の受給期間は五年に限られ、五年を超える場合には、それ以後の手当の一部について支給を停止されることとなった（この措置は、施行日から起算して五年を経過した後に適応される）。

2　進められる「養育費の支払い」
『私の青空』にみる〈別れた父の子育て責任〉

◇養育費を払わない父親たち

二〇〇〇年度の上半期に放映されたNHK朝の連続テレビドラマは、未婚の母を主人公とした『私の青空』であった。今までも未婚の母を主人公にしたテレビドラマがなかったわけではない。たとえば、中山美穂が未婚の母を演じた『FOR YOU』（一九九五年）や、未婚の母を主人公とする恋愛ドラマ『愛の奇跡』『婚約旅行』(一九九六年)が続けて放映された。このような傾向は、母子世帯が決して「特殊な家族」ではなく、どこにでもいる、そして誰にでも起こりうる家族の一形態としてとらえられつつあることを反映しているのだろう。しかし、一九九〇年代半ばに放映されたこれらのドラマの主人公である未婚の母とは、「死別」による未婚の母であった。「生別」による未婚の母(つまり、未婚の母になることを選んだ人)がドラマの主人公になるのは、ましてNHKの朝のドラマに登場するのははじめてのことであった。

未婚の母となったなずな(田畑智子)は、父が許してくれないためにふるさとの青森県の大間を後にして、東京の築地で母子二人の生活を始める。ボクサーになるという夢を捨てきれなかった、太陽の父である健人(筒井道隆)は、結婚式の当日になずなを捨てて、ボクサーになることを理解してくれる千代子と駆け落ちしたのだった。なずなはある日健人に偶然めぐり会う。子どもが生まれていたことを知って驚いた健人は、父として太陽への責任をどう果たすべきか悩む。

厚生省の「全国母子世帯等調査結果の概要」によると、全国の母子世帯の総数は約九五万世帯である。うち一八万世帯弱だけが「死別」による母子世帯であり、残りは「生別」――離婚・未婚による母子世帯である。これらの「生別」母子世帯は、子どもの父とどのような関わりをもっているのだろうか。

後述するようにアメリカでは、離・未婚の子の父(シングルファーザー)が別れたあとも子どもたちと関わることが多い(関わらざるをえない)ことと異なって、日本ではその関係はきわめて希薄である。前述の厚生省の調査によっても、約六割の母子世帯は現在も過去もまったく養育費を受けていない。つまり、一度も養育費を払ったことがない父が約六割いるのである。厚生統計協会の「離婚に関する統計」（二〇〇〇年）によっても、協議離婚した人が家庭裁判所で行った養育費の取決めでさえ、「取決めなし」が四二・八％である。「養育費を支払う」ということが社会的な合意とされてはおらず、むしろ妻が養育費を要求しないことを条件にして離婚が成立したり、子どもとの面会交渉を避けるために養育費を受け取らない等の事情もあるようだ。最近になってようやく、別居の父にも養育責任があり、養育費を支払う義務があるという観点から養育費徴収に関する議論がされるようになったものの、いまだ一部の議論でしかない。協議離婚の場合に養育費支払いの取決めを明記した公正証書を作成すること等、養育費支払いシステムの具体的な整備が主張され始めたばかりである。

最近になり、別れた父の養育費の支払い義務が取り上げられるようになった理由はもう一つある。児童扶養手当の改正を契機とした議論である。児童扶養手当の改正案のなかに、増加する児童扶養手当の費用を削減する方法として、子の父から児童扶養手当相当分の養育費を徴収する案が登場したのは、一九九八年の改革案からである。ここにきて、別れた父からの養育費の支払いという私的な問題が、やっと社会的な関心事となったのである。

◇増加する児童扶養手当の総額

児童扶養手当制度は、一九五九年に国民年金法の実施によって母子年金・母子福祉年金などの遺族年金が整備されたことにともない、それらの対象にならない生別母子世帯に対する援助として一九六一年に制定された（夫が障害をもつ世帯、年金のない死別母子世帯、遺棄された母子、養育家庭も対象に含まれた）。当初はそれほど多くはなかった受給者は、一九八〇年代に入って増加し、一九八五年には六五万七〇〇〇人と、施行以来のピークに達する。制度成立時には、生別によって母子世帯になったものは母子世帯全体の二二%でしかなかったが、年を追うごとにその割合が高くなったからである。生別母子世帯が死別母子世帯を上回ったのが一九七八年であり、以後も増加し続ける生別母子世帯は、児童扶養手当制度を改革することへと向かわせたのだった。

そこで一九八五年八月に行われた大きな改革とは、①新規受給者については一〇分の二を地方、八を国が負担すること、②二段階の所得制限の導入、であった。この制度改革をめぐって、母子世帯の母たち自身による自助団体が結成され、反対運動が展開された。この改革の結果として、一九八五年以降の受給者は減少した。一九八五年よりもそれ以降のほうが、母子世帯が増加しているにもかかわらずに。それでも一九九〇年代後半になると、受給者数は再び改正前と同程度までに増加した。母子世帯が急増しているわけではないが、児童扶養手当を受給する母子世帯は毎年暫増するためである。一九九〇年代後半になると、受給者は再び大改革前の状態と同じになったため、一九九〇年代終わりから相次いで改革が行われたのである。

子の父から養育費を徴収する案（児童扶養手当の支給を削減すること）が登場したのは一九九八年の改正案からであった。一九九八年の改正案の論点は二点。一つは、支給額を減額する、または支給対象とする子どもの年齢を引き下げること。二つは、子の父から児童扶養手当相当分の養育費を徴収すること、であった。結果として改革されたことは、全額支給される対象はこれまでと同じだが、減額支給となる年収の上限が切り下げられた。支給対象とする子どもの年齢の引下げと、子の父からの養育費の徴収案は見送られた。しかし、二〇〇二年の改正案にも子の父から養育費を徴収する案は再登場し、今回は部分的に取り入れられた。所得の範囲が見直され、子の父からの養育費の八〇％が所得として取り扱われること、と改正された。

◇アメリカのシングルファーザー問題

公的費用の支出を抑えるために、別れた父に養育費の支払いを要求するこのような傾向は、アメリカのシングルファーザーをめぐる政策の進行と無関係ではないようだ。母子世帯が全世帯の一七％を占めるアメリカでは、子どもの一〇人に四人は父親不在の家庭で育てられる。そして、増加した母子世帯の子どもとその母が、アメリカ最大の連邦の社会福祉プログラムであるＡＦＤＣ（要扶養児童家族扶助）を受給する一四〇〇万人の大部分を占めている。つまり、「父親不在」の問題とは、アメリカの社会福祉政策に密接に関連するのである。一九九〇年代に入ると、社会福祉の課題はそのような不在の父に向けられるようになった。不在の父から養育費を強制的に徴集する制度は、一九七五年に社会保障法の四章に付け加えられたことから始まったが、いっそう強力に施行されるようになったのである。

一九九〇年代に入ってから議論の的となり、一九九六年に成立した福祉改革法といわれる個人責任と就労機会調停法は、このような考えをよく反映している。同法は、ＡＦＤＣの受給を制限することを主たる目的としているのだが、ＡＦＤＣのコストを抑える方法として私的扶養を強調し、子どもの父から養育費を強制的に徴集することをより強力に施行した。離婚したり、未婚であっても、父には子どもを養育する責任があるわけで、その肩代わりをＡＦＤＣがすることはないということである。シングルファーザーを対象とした政策として、一つには養育費徴収をより強制的に進めること、二つ目には、養育費を支払えない低所得のシングルファーザーに対しての雇用プログラム等が施行された。シングルファーザーが子どもの養育義務を果たすことにより、社会福祉受給者を減少する方向が明確に志向されたのである。

一九九〇年代に入って強力に施行された児童養育強制履行制度は、州によりそれぞれの方法で履行されているが、多くの州では、運転免許証、職業ライセンスにより居所を追跡すること、税金や失業保険から養育費を天引きすることが実施されている。雇用主は、新たに雇用した人を決められた期限以内に報告する義務を負う。児童養育強制履行制度は、それを必要とする人なら誰でも利用することができる制度であるが、ＡＦＤＣといった金銭援助プログラム、医療扶助、または連邦の養子縁組プログラムの受給者は、同制度を利用することを義務づけられる。ＡＦＤＣ受給者等は無料で、それ以外の人は利用料を支払う。州が父から養育費を徴収し、徴収した養育費は、州と連邦とＡＦＤＣ受給者（あるいは制度の利用者）とにより分配される。しかし、このような強制履行制度によってもＡＦ

DC受給家族の一二%しか養育費を徴収できていない。この制度を有効に機能させるために、全国規模の法の整備と、州を越えた徴収システムの導入が検討されている。

◇期待される多様な「父親論」

このようなアメリカの状況は、私たちにいくつかの教訓を与えてくれる。もちろん別居の父には子どもを育てる責任があり、養育費を支払う義務がある。まずは、別れた父が養育費を支払うことについての社会的な合意が必要である。次いで、具体的な徴収方法を確立することも必要である。このような「合意」と「方法」によって、支払い能力が十分にあるのに支払わない父から養育費を受け取ることができるようになるだろう。子どもの養育責任を負うのは、子の母だけではないはずである。

しかし一方で、養育費をめぐる議論は「子育てコスト」だけを取り上げることになりがちである。別れた父の養育責任とは、養育費を支払うという経済的援助だけではないはずだ。別れて暮らす子どもへの経済的責任以外の養育責任を果たすために、子どもとの関係を緊密に維持することも必要なはずである。つまり養育費の支払いとは、父子関係を継続することとセットであるべきなのではないだろうか。父子の関係を緊密に保つことが養育費の支払いを進める、ということを明らかにした調査もいくつかある。別れた父が抱える問題は、養育費の支払いを含めながらも、より広く議論されるべきなのだろう。

ここ数年、父の役割をめぐる議論が盛んである。「父親論」と呼べるような本も相次いで出版されている。このような背景には、社会構造や家族の変化にともなう家族機能や価値の変化があり、父の役割が改めて問われたからである。家庭における「父親不在──存在感の希薄さ」が指摘されたりもする。しかし、このような「父親論」のほとんどは両親家族における父親の役割を論じていて、別れた父を含めた「多様な父親」は登場しない。しかし、今後増加するであろう別れた父や父子家庭の父、再婚により出現する複雑な家庭の父もまた、「父親論」の対象であり、担い手なのである。多様な父を視野に入れた「父親論」が議論される必要があるだろう。

母子家庭の母と子であるなずなと太陽、別居の父である健人の三人は、三人一緒に暮らしたいとそれぞれが願っているのにもかかわらず、その時期がちぐはぐで、波長が合わない。私たちは一緒に暮らすべき時機を失ってしまった、となずなは結論する。一緒には暮らさないけれども、いつでも太陽を中心に行き来する、そんな形の暮らし方があってもいいとなずなは思う。

なずなと太陽の生活は、給食の調理の仕事と氷屋でのアルバイトで、苦しいながら何とか安定している。児童扶養手当も受給している。太陽が行き来するようになってからは健人から養育費が送られてくるようになったが、なずなはそれには手をつけないで貯金している。なずなは管理栄養士になるために短大の社会人入学試験を受けたが失敗し、また再挑戦することが目標である。ボクサーを引退した健人は、ボクシング・ジムのトレーナーとして再出発することになった。一緒には暮らさないが、養育費を送り、父としての責任を果たすという。今までのようになずなと暮らすが、健人とはいつでも会えるようになった太陽は、将来は父のようにボクサーになりたいという。理想的な別れた父と子の関係が描かれてドラマは終了。ＮＨＫ的な「ハッピーエンド」としてドラマは終了した。

3　父子世帯への社会福祉援助

『課長 島耕作』が直面する別居父子世帯問題

◇父子世帯の実態

母子世帯が社会福祉の課題として取り上げられることはたびたびあるものの、その対極にある父子世帯が社会的な問題として取り上げられることは、今まではほとんどなかった。その理由としては、母子世帯が生活困難を抱えた世帯として考えられていたことと異なり、社会福祉問題の担い手として認識されていなかったことがあげられる。より具体的には、①父子世帯の絶対数が少なかったために深刻な問題として取り上げられなかったこと、②出現する父子世帯の大部分が死別父子世帯であり、親族による援助がその生活を支えていたこと、③母子世帯と比べて経済的困難が少ないと考えられていたこと、等のために、社会福祉の課題と考えられていなかったのである。

しかし最近になって、父子世帯が社会福祉の課題として取り上げられることが多くなった。現存の社会福祉の制度が、母子世帯をカバーしているほどには父子世帯をカバーしてはいないことの欠陥が指摘されることも多くなった。母子世帯が抱える問題が顕在化したことにともなって、父子世帯が抱える問題も顕在化したのである。また父子世帯問題の顕在化は、母子世帯問題が顕在化するよりも、より深刻な家族の「危機」として受け取られたのだった。

父子世帯が急増してはいないながらも、その出現理由が「死別」から「離別」に変化していることは母子世帯と共通する点であるにしても、父子世帯独自の問題を「全国母子世帯等調査結果の概要」（以下、「概要」とする）は明らかにする。父子世帯の総数は約一六万世帯であり、この数は調査を始めた一九八三年以来ほとんど変化していない。しかし出現理由として、「死別」が減少して「生別」が増加した。「死別」が父子世帯全体に占める割合が、四〇％（一九八三年）から三一・八％（一九九八年）へと減少した。これは母子世帯と共通する変化であるが、それでも母子世帯に「死別」が占める割合が一八・七％であることと比べると、「死別」が占める割合が高いことが特徴である。

生活の実態をみてみると、父子世帯の父は、その九三％が「就労している」、常用雇用者でない「パート」「その他」は九・八％であり、年間収入は四二二万円である。それでも一般世帯の六五八万円と比較すると、父子世帯といえども経済的困難を抱えていることが明らかである。

このように就労・経済状況については母子世帯よりは良好であるが、父子世帯が抱える問題をまとめると、次のようになる。

① 就労問題　母子世帯と比較して就労状態はよいが、夜間就労や長時間就労という問題がある。

② 家事問題　仕事中心の生活となるため、家事・育児の時間が少なくなる。

③ 養育問題　未就学児をもつ父子世帯では、仕事と育児・家事の両立ができずに、乳児院や養護施設を利用することになる。

④　健康問題　過労や食生活の偏りが生ずる。
⑤　住宅問題　祖父母と同居でない父子世帯は、アパート居住者が多い。
⑥　相談相手　困ったとき、相談できる人、悩みを聞いてもらえる人がいない。

父子世帯とは、母子世帯と共通する困難を抱えながら、独自の困難を抱えた世帯である。その援助のためには、ある部分は母子世帯と共通する、しかし父子世帯独自の問題に対応する援助が必要なのである。

◆父子世帯への社会福祉援助

それでも一九八〇年代に入ると、行政の関心は父子世帯へも向けられるようになった。行政が、とくに東京都内またはその周辺の自治体が、実態調査や所轄事業の概要に際して、従来の母子世帯という用語に代えて「単親」「ひとり親」を使用するようになり、母子世帯だけを対象としてきた行政調査の対象に父子世帯を加えるようになった。前述した厚生省（現・厚生労働省）の調査が父子世帯をも対象とするようになったのは一九八三年からである。同時に、従来は母子世帯を対象にして行われていた社会福祉援助のいくつかが、父子世帯に拡大されたのも一九八〇年代になってからである（寡夫控除、ホームヘルパーの派遣等）。一九九〇年代になると、父子世帯の子育てを援助する新しい事業が開始された（養護施設での一時保護、ホームフレンド事業等）。

このような経過があり、現在行われている父子世帯に対する援助（国の行っている事業のほかに、多くの自治体が行っている事業を加えたもの）を分類すると、①経済的援助（寡夫控除、医療費助成、（県・市等の）遺児手当、公営住宅への入居）、②家事サービス援助（介護人派遣）、③子どもの養育援助（乳児院・養護施設へのショートステイ）、④その他の援助（父子休養ホーム事業、相談事業）、となる。なお、これらの援助は父子世帯だけでなく、母子世帯にも適用される援助である。これ以外に母子世帯に対してだけ行われている援助として、児童扶養手当、母子・寡婦福祉資金貸付、母子生活支援施設がある。

それではこのような制度を、父子世帯はどのように利用しているのだろうか。「概要」に制度の利用度についての調査項目があるので、「利用している、または利用したことがある」と答えた公的制度を利用度の高いものから並べると、公共職業安定所一六・四%、市町村福祉関係窓口一一・二%、福祉事務所一〇・八%、児童相談所九・〇%、民生・児童委員七・七%、家庭児童相談室三・三%、公共職業能力開発施設二・〇%、ホームヘルパーの派遣一・三%、となる。これらの数字にみるように、父子世帯の公的制度の利用度は全般的にみてもかなり低い。たとえば、父子世帯の利用度ベスト・スリーの制度の母子世帯の利用度をみてみると、公共職業安定所三五・八%、市町村福祉関係窓口三四・六%、福祉事務所二六・四%と、それぞれ父子世帯の二〜三倍も多く利用されている。ゆえに、父子世帯が利用できる公的制度を周知させること、自治体によっては付加されている利用制限を緩めること、が必要とされている。

しかし、これらの利用度の低さとは、もしかすると現存する援助が一定の「父子世帯観」を反映している結果なのかもしれない。たとえば、父子世帯にとって必要な援助は家事援助であると一般的には考えられがちであるが、「概要」にみるようにホームヘルパーの派遣の利用度はきわめて低い。父子世帯にとって家事援助とは、もしかしたら優先順位のあまり高くない援助なのかもしれない。「男性は家事が苦手」という一般的な考えに反して、電化製品を駆使して自分で十分こなしている父も案外多いのかもしれない。むしろ父子世帯独自の困難とは、次のようなものなのではないだろうか。①「男らしさ」の規範があること、②子育てや家事が、女性の役割とされていること、③働き方が「片働き」を基本にしていること、④社会福祉制度や教育制度が父子世帯に適応していないこと。

つまり、公私の性別役割分業の結果として、女性が子育てをしながら労働の場に平等に参加することが困難であるのと同様に、男性が仕事をしながら子育てをすることが困難なのである。母親が子育てをしながら働くことができる援助が必要なことのように、父親が子育てをしながら父子世帯を営むことができる援助が必要とされている（杉本貴代栄ほか『日米のシングルファーザーたち』参照）。

◇別れて暮らす父親の問題

父子世帯が取り上げられるようになったことと軌を同じくして、離婚等により別れて暮らす父の問題も浮上した。「生別」による母子世帯が増加するにつれて、別れて暮らす子どもの父の養育責任が社会的な関心となったのである。別れた父からの養育費を強制的に徴収する制度が施行されたアメリカと違って、日本では父が養育費を支払ったり、子どもと交流したりすることが一般的に受け入れられているとはいえない。いったいどれぐらいの父が養育費を支払っているのだろうか。

「概要」によると、離婚母子世帯のうち、子どもの父から養育費を「現在も受けている」人が二〇・八％、「受けたことがある」人が一六・四％。一方で、過去も現在も「まったく受けたことがない」人が六〇・一％いる。養育費の取決めをしている人は三五・一％、取決めをしていない人が五九・七％。養育費の取決めをしていない人は、その理由として、「相手に支払う意思や能力がないと思った」が六一・一％、「取決めの交渉をしたが、まとまらなかった」が一一・三％、「取決めの交渉がわずらわしい」が六・五％。養育費を受けている人の一世帯当たりの平均月額は五万三二〇〇円である。

一九八四年から講談社の『コミック・モーニング』に掲載されている長寿コミック『課長 島耕作』は、弘兼憲史が描く人気コミックである。大手家電メーカーに勤める団塊の世代の島耕作は、販売部門を担当する仕事熱心なサラリーマンである。コミックが始まったときは課長だった島は、課長、部長と昇進した（コミックのタイトルも、途中から『部長 島耕作』となる）。島の出世や仕事ぶりにわが身を置き換えて読んでいる熱心な読者も多いという。この島耕作には奈美という一人娘がいるのだが、小学生低学年の頃から別居している。奈美は別居中の妻（のちに離婚）と同居し、島耕作は妻の同意を得て、時々奈美と会っている。はじめは週一回ぐらいという話だったが、仕事が忙しい島は、月一度くらいの頻度でしか会えない。公園を散歩したり、クリスマスに二人で食事に出かけたり、家で食事をつくったりする父と娘のシーンがたびたび登場する。もちろん養育費も定期的に支払っている。

こんにちは お父さん！
お？
どうした 髪を切ったのか？
最近 多忙で 娘とは この公園で 1か月に一度しか 会っていない
女の子も 8歳になると 〃女〃としての自我に めざめるのか 会うたびに 女らしくなってくる
いいでしょ！ 似合ってるかなあ

（出所）　弘兼憲史『課長 島耕作』第4巻，講談社，1987年。
©弘兼憲史/講談社

つまり島耕作は、シングルファーザーなのである（英語のシングルファーザーとは、父子世帯の父、子どもと別居している父の両方を意味するが、多くは断然数が多い別居の父をさす）。今までコミックに父子世帯が登場しなかったわけではないが、それは死別によって生じた父子世帯であった（たとえば、梶原一騎作・川崎のぼる画『巨人の星』を思い浮かべてほしい）。つまり島耕作は、古典的な父子世帯問題ではなく、新しい別居父子問題の担い手なのである。

◆父親が抱えるジェンダー問題

従来父子世帯には、死別はもちろん、生別父子世帯であったとしても、母子世帯につきもののスティグマ（恥）がつきまとってはいなかった。生別で父子世帯を営んでいることは、むしろ母子世帯を営まない母の側の理由を糾弾することに向けられ、父子世帯には同情の目が向けられていた。しかし、離婚や未婚の母子世帯が増加して児童扶養手当の費用が増大するにともない、母にはもちろんのこと、父（子と同居、非同居にかかわらず）にも「モラル」を求める懲罰的な風向きが強まりつつある。一九九〇年代終わりから進行した、児童扶養手当の受給条件に養育費の徴収を義務づけようとする改正案は、それら懲罰的な見方の具体化なのである。

児童扶養手当以外にも、父が子の養育費を支払うことを義務づける制度が検討されている。たとえ離婚をして別居したとしても、父には子どもを育てる義務があるし、子どもと会う権利もあるはずである。しかし、離婚した父の約六割は養育費を支払ってはいない。統計はないけれども、子どもとの関係を保っている父はそれ以下であろう。このような状況のなかでは、別れた父の養育費の支払いが社会的な問題として取り上げられざるをえない。

法務省は、離婚した配偶者が子どもの養育費を支払わない場合、制裁金を科す制度を導入する方針を固めた。二〇〇四年の国会で法改正をめざす。新制度では、養育費を受け取る親が、相手が定めた養育費の支払い義務などについての公正証書などを裁判所に提出し、申し立てる。一定の期間に支払いがない場合、裁判所が債務者に制裁金を支払うよう命令を出す。金額は裁判所が決定し、債権者の親に支払わなければならない。制裁金を支払っても養育費の義務は残る。支払わなかった場合は、養育費に制裁金を合わせた額を給料から差し押さえられるなど強制的な措置を受けることになるだろう。

島耕作の近況であるが、何と最近、取締役になったそうである。読者の声として、あまり出世してほしくないという意見も多いそうである（『朝日新聞』二〇〇二年三月一日）。娘の奈美も成人して就職し、父としての島の肩の荷も、だいぶ軽くなったようである。

4　母子世帯と生活保護　受給母子世帯が少ない「理由」

◇母子世帯の子ども死亡事件

二〇〇〇年二月、東京の近郊都市に住む無職の女性（二九歳）とその娘（二歳）が生活に困窮し、娘が衰弱して死亡するという痛ましい事件が起こった。警察の調べによると子どもの死因は凍死で、胃は空っぽだった。女性は未婚で娘を出産し、アパートに二人で暮らしていた。子どもの父は出産前に失踪したという。女性は出産のために三年前にデパート店員を辞めて以来、無職だった。出産後は預金を取り崩したり、保険を解約したりしてやりくりしていたが、一月末頃からガスと水道を止められた。最後の数週間は「何も考えることができず、小さくなっていく子どものおなかをみていた」。母子世帯の母が受給できる児童扶養手当は申請していなかった。生活保護については、「制度は知っていたが、自分が受けられるとは思わなかった」と話した。娘が死亡したとき、女性がもっていた現金は、わずか五〇〇円ほどだった（『朝日新聞』二〇〇〇年二月二六、二七日）。

「豊かな」日本で起こったこの痛ましい事件は、母子世帯の母と子どもが置かれている状況をよく物語っている。女性はジェンダーから派生する社会的問題を抱えているため、男性よりも困難に直面することが多い。とくに一人で子育てを担わざるをえない母子世帯の場合、貧困に陥る危険が高い。一方で、母子世帯に対する世間の厳しい見方は、母子世帯への社会的援助を必要最小限に制限する。それでも「福祉国家」である日本においては、最低生活を保障する生活保護制度があり、それを司る福祉事務所が各地域に設置されている。子どもが餓死するほどに生活が困窮していたならば、福祉事務所に駆け込むことはできたはずである。母子世帯に対する社会の厳しい見方と、それにともなって母子世帯の母自身がしばしば考えてしまうこと——自分は社会的な援助を受けることができない、受ける価値がないという思い込みさえなかったならば。

◆生活保護の仕組み

生活保護制度は、「日本国憲法第二十五条に規定する理念に基き、国が生活に困窮するすべての国民に対し、その困窮の程度に応じ、必要な保護を行い、その最低限度の生活を保障するとともに、その自立を助長することを目的とする」（生活保護法第一条）制度である。戦後の混乱期に出現した多数の生活困窮者に対応するために一九四六年に制定された生活保護法（旧）が、今日の生活保護法（新）に改正されたのが一九五〇年。七種類の扶助（生活扶助、教育扶助、住宅扶助、医療扶助、出産扶助、生業扶助、葬祭扶助）から成り立ち、国が決めた最低生活基準と生活保護の実施要項に基づいて単給または併給が行われる。福祉事務所は、保護の実施機関である都道府県知事、市長などの委任を受けて、本人の申請に基づいて保護を決定し実施する。

生活保護を担当する第一線の行政機関である福祉事務所は、都道府県・市・特別区では福祉事務所を設置することが義務づけられており、町村については任意設置とされ、おおむね人口一〇万人を目途として設置される。現在、都道府県には三三三カ所、市には八七五カ所、町村には四カ所の計一二一二カ所の福祉事務所が全国に設置されている（二〇〇三年四月）。社会福祉法により、所長のほか、指導監督を行う査察指導員（スーパーバイザー）、現業を行うケースワーカー、事務を行う所員を置くこととされている。生活保護の業務は、現業員（地区担当員、ケースワーカーとも呼ばれる）が担当する。現業員は、市部については被保護世帯八〇世帯に対して一人、郡部については被保護世帯六五世帯に対して一人を標準として配置される。査察指導員は、現業員の業務を掌握し、専門的に指導監督する。現業員と査察指導員は社会福祉主事でなければならない。

生活保護の被保護人員は、新・生活保護法が施行された直後には二〇〇万人を超えていたが、全体的にみればその後は継続して減少し、二〇〇二年度の被保護人員は一二四万三〇〇〇人、被保護世帯は八七万世帯、人員保護率（人口千人比）は九・八‰である。しかし最近の保護動向は、とくに都市部を中心に被保護人員、世帯数ともに増加傾向を示している。二〇〇二年度の受給者は前年度より九万五〇〇〇人以上も増え、増加率は八・二％と、一九五〇年度の制度発足以来、最高の増加率となった。国民の一〇〇人に一人が受給していることになる。長引く不況や高齢化が原因である。過去に何度も直面したように生活保護制度は、受給者を抑制する方策を講じることになるのだろう。

◆生活保護の動向

生活保護法自体には、一九五〇年の現行生活保護法成立以降さしたる改正はないが、その間の法の実施が不変であったわけではなく、政治や経済、社会の変化を反映しながら諸通達を通してコントロールされつつ実施されてきた。戦後一貫して生活保護受給者が減少したのは、このような「通達行政」により実施された、過去数回の生活保護の「適正化」の効果でもあった。被保護者が減少したのは、必ずしも日本が「豊か」になったためだけではなく、生活保護が「受給しにくい」制度となったからでもある。

第一次の「適正化」は、一九五〇年代半ばに行われた。このときの標的は、結核患者の受給抑制

（医療扶助）、在日韓国・朝鮮人の排除であった。このような適正化政策下での国家責任による生存権保障を問うものとして、一九五七年に提訴された朝日訴訟と福祉運動の高揚があった。第二次「適正化」は六〇年代半ば。エネルギー革命によって石炭産業の合理化が本格化したため、産炭地域での離職者が大量に発生して保護率が上昇したため、稼働能力者がターゲットとされた。検診命令、就労指導の強化などにより、稼働年齢層が生活保護から排除された。その結果、被保護層は、高齢者、母子、障害者など、要看護ケースの比重が高まった。

最もよく知られている第三次「適正化」は一九八〇年代以降。オイルショックに始まる「福祉見直し」政策の進展のなかで、母子世帯や高齢者世帯をも標的として、養育料や扶養義務の履行が強化された。一九八一年に出された「一二三号通知」により、いくつかの「適正化」政策が徹底して進められた。それらは、①暴力団の不正受給キャンペーンによる「惰民論」の強調、②監督方針の変更と監査を通して包括同意書の徴収と、同意書に基づく資産等の関係先調査の徹底的実施を推し進めたこと、③申請後においてはプライバシーを軽視する資産調査の徹底と扶養義務履行の強要が推し進められたこと、④国庫負担金が一〇分の七へ削減され、地方公共団体への財政負担増が進められたこと（一九八六年から三年間）、⑤全国査察指導員研修の開催と「指導監査から見た生活保護の実務」の出版をテコとした業務の徹底マニュアル化、であった。このような第三次の「適正化」が進行するなかで、一九八七年に札幌市で生活保護が受理されなかった母子世帯の母親が「餓死」した事件が起こっている。

◇札幌市母親「餓死」事件

生活保護を打ち切られたことが契機となった母親の「餓死事件」は、飽食の時代の日本で起こった異常な事件として方々で取り上げられ、生活保護行政の「引締め」に関する論議を引き起こした。一九九〇年の大宅壮一ノンフィクション賞の最終候補に残った、水島宏明『母さんが死んだ』はこの事件を取り上げ、生活保護行政を鋭く批判し、大きな反響を呼んだ。

三人の子どもを抱え、生活保護を受給しながら病院の雑役婦をして自立生活へと生活を立て直しつつあった母親は、ある時期からその努力を放棄する。安定しつつあった仕事も辞め、もらっていた児童扶養手当の手続もせず、「生活は困窮していく。打ち切られた生活保護の再受給は申請されず、外へも出なくなり、「餓死」へ向かって坂を転がり落ちていく。札幌テレビのディレクターである水島が、本書の出版に先立って制作した番組『母さんが死んだ――生活保護の周辺』（札幌テレビ、一九八七年）は全国放送され、各種の賞を受賞した。

一方、一九九四年の夏に出版された久田恵『ニッポン貧困最前線』は、同じ事件を取り上げながら福祉の現場で働くケースワーカーの立場に立って、「餓死」の原因を生活保護に関わる問題ではなく、自立生活への努力を放棄させた母親の人間関係の側――男性問題のもつれ――にあると反論している。しかし、母親が「餓死」に至った経緯に、たとえ人間関係のもつれが介在していたとしても、また生活保護受給が申請されなかったことだけが「餓死」の原因でなかったとしても、生活保護を受給していた、あるいは受給したいと申請する母子世帯の母にはマイナスの「一定のイメージ」があり、それが生活保護受給を難しくさせているという水島の指摘は重要である。

第三次「適正化」の結果、一九八〇年代後半から受給世帯数は減少に転じた。このような「引締め」のあおりは、世帯類型に関わりなくそれぞれの受給世帯に及ぶのであるが、とくに母子世帯がその対象とされたのである。生活保護受給の高齢者世帯や障害者世帯とは、その出現の「事情」や「経緯」が異なる母子世帯（とくに「生別」母子世帯）は、改革の対象とされる理由があるとされたからである。母子世帯に対しては、従来以上に前夫への扶養義務の履行や、「水商売」「風俗」も含めての働くことの強要が行われたことが、前述の水島の書のなかでも報告されている。

冒頭に記した不幸な事件は、札幌で起きた母子世帯の母親の「餓死事件」を思い起こさせる。母子世帯は、適正化の影響で保護を受けづらくなるといった、他の受給世帯と同様の問題をもちながら、母子世帯独自の問題を抱えているのである。生活保護受給者を見る多くの人の目が厳しいことはたびたび指摘されているが、それは母子世帯の受給者に対してはいっそう厳しいのではないだろうか。

◇世帯別の保護動向

現在、どういう世帯が生活保護を受けているかというと、全体の四六・三％が高齢者世帯、三六・七％が傷病・障害者世帯、八・六％が母子世帯、八・三％がその他の世帯である（二〇〇二年度）。近年の傾向としては、高齢者世帯が全体に占める割合が一貫して増加し、他の世帯が減少しつつある。母子世帯が全受給世帯に占める割合も減少し、一四・四％（一九八五年）から一一・七％（一九九〇

年)、八・七%(一九九五年)、八・四%(二〇〇〇年)と推移した(厚生労働省『平成一五年版 厚生労働白書』)。

母子世帯の受給率が高くない理由としては、母子世帯自体の出現率が高くないことが指摘できる。アメリカで社会福祉の受給者の多くを母子世帯が占めていることが問題になっているが、その背景には、高い母子世帯の出現率があるからである。しかしそうした日本的事情を考慮したとしても、障害者世帯や高齢者世帯と比べて、生活保護を必要とする母子世帯が極端に少ないとは思えない。厚生労働省の「全国母子世帯等調査結果の概要」からも、母子世帯の生活がきわめて困難であることが明らかである。母子世帯の年間平均収入は二二九万円と、同年の一般世帯の年間平均収入六五八万円の約三分の一でしかない。また、二〇〇三年四月に「あしなが育英会」が発表した、父親を亡くした遺児家庭の調査によると、母親の平均勤労年収は一四〇万二七二五円と、一般世帯の二割強でしかない。母子世帯が受給世帯の一四・六%を占めていた一九八〇年代半ばと比べて、現在の母子世帯の生活状況が数段良好であるとも思えない。高齢者世帯や障害者世帯と比べると、母子世帯にとって生活保護制度とは「よほどの理由」がなければ受給しにくい制度なのである。

しかも最近の受給者の増加傾向を反映して、生活保護制度の見直しが行われつつある。近年の受給者数は、一九九五年度の約八八万二〇〇〇人を底として増加し、一九九五年度から二〇〇二年度の間に約三六万人増加した。二〇〇二年度の人口に占める受給者の割合は一・〇%に達し、一九五〇〜六〇年代と比べればまだ低いが、一九七〇〜八〇年代前半の水準に近づきつつある。

厚生労働省は、最低生活費引下げも視野に入れた生活保護制度の抜本的な見直しを行う方針を固め、二〇〇三年七月には社会保障審議会に専門委員会を設置した。不況で厳しさを増す国民の生活水準と照らし合わせたうえで、保護基準額や、高齢者・母子世帯に対する加算引下げなどを検討し、二〇〇五年度の改正をめざすという。

5　進行するアメリカの福祉改革
映画『ボウリング・フォー・コロンバイン』が描くシングルマザーの生活

◇『Bowling for Columbine』の問題提起

二〇〇二年のカンヌ国際映画祭で特別賞を受賞した、マイケル・ムーア監督によるドキュメンタリー映画『ボウリング・フォー・コロンバイン』は、アメリカ社会の現実を知るうえで興味深い映画である。一九九九年四月にコロラド州のリトルトンという町にあるコロンバイン高校で、高校生二人による銃の乱射事件が起きた。学生と教員一三名の命を奪い、二三人に重傷を負わせ、犯人二人の自殺により終結したこの事件は、まだ多くの人の記憶に残っていることだろう。なぜコロンバイン高校で銃乱射事件が起きたのだろうか。なぜアメリカではこのような銃犯罪が多発するのだろうか。ムーアはさまざまな人にインタビューをすることにより、しだいにその理由を明らかにしていく。

ある人々は、アメリカの「家庭の崩壊」に原因があるという。確かにアメリカのシングルマザー家族は全家族の一七％を占めるが、イギリスはそれより高いにもかかわらず、銃による年間死亡者数はイギリスでは六八人、アメリカでは一万一一二七人である。また別の人々は、過激なロック・ミュージック、暴力的な映画、あるいはテレビゲームのせいだという。でも、テレビゲームなら日本のほうがずっと盛んだろう。その日本の銃による年間死亡者数は三九人である。ちなみにこの映画のタイトル『Bowling for Columbine』（コロンバインでボウリングを！ とでもいう意味）は、この事件を起こした少年たちが高校のボウリング部員で、銃乱射をするために高校の図書室へ乗り込む前にボウリングをしていた事実に由来する。犯人の高校生たちがマリリン・マンソンというロック・スターのファンだったために、マンソンはひどいバッシングを受けるのだが、ムーアは言う、「だとするとボウリングはどうなんだ？」。

ムーアは、銃そのものは真の問題ではなく（ボウリングが問題でないのと同様に）、問題はアメリカ人の精神構造なのだと言う。権力をもつ人間たちが抱える恐怖。そしてわれわれが他人に対して感じる恐怖。恐怖とそのために起こる暴力は今やアメリカの文化の一つになってしまった。そして映画は、アメリカ自体が抱える暴力的な体質を問題にする。基幹産業として大量の武器を製造し、世界中に販売し、大規模な空爆を外国で繰り広げるアメリカという国の政策に埋め込まれた暴力性を告発する。

映画は、コロンバイン高校銃乱射事件の約一年後の二〇〇〇年三月に起こった、もう一つの銃による事件を取り上げる。ミシガン州フリントの小学校で起きた、小学一年生の男の子が同じ一年生の女の子を射殺したという事件である。フリントはムーアの故郷でもあり、彼は事件に大きな影響を受け、

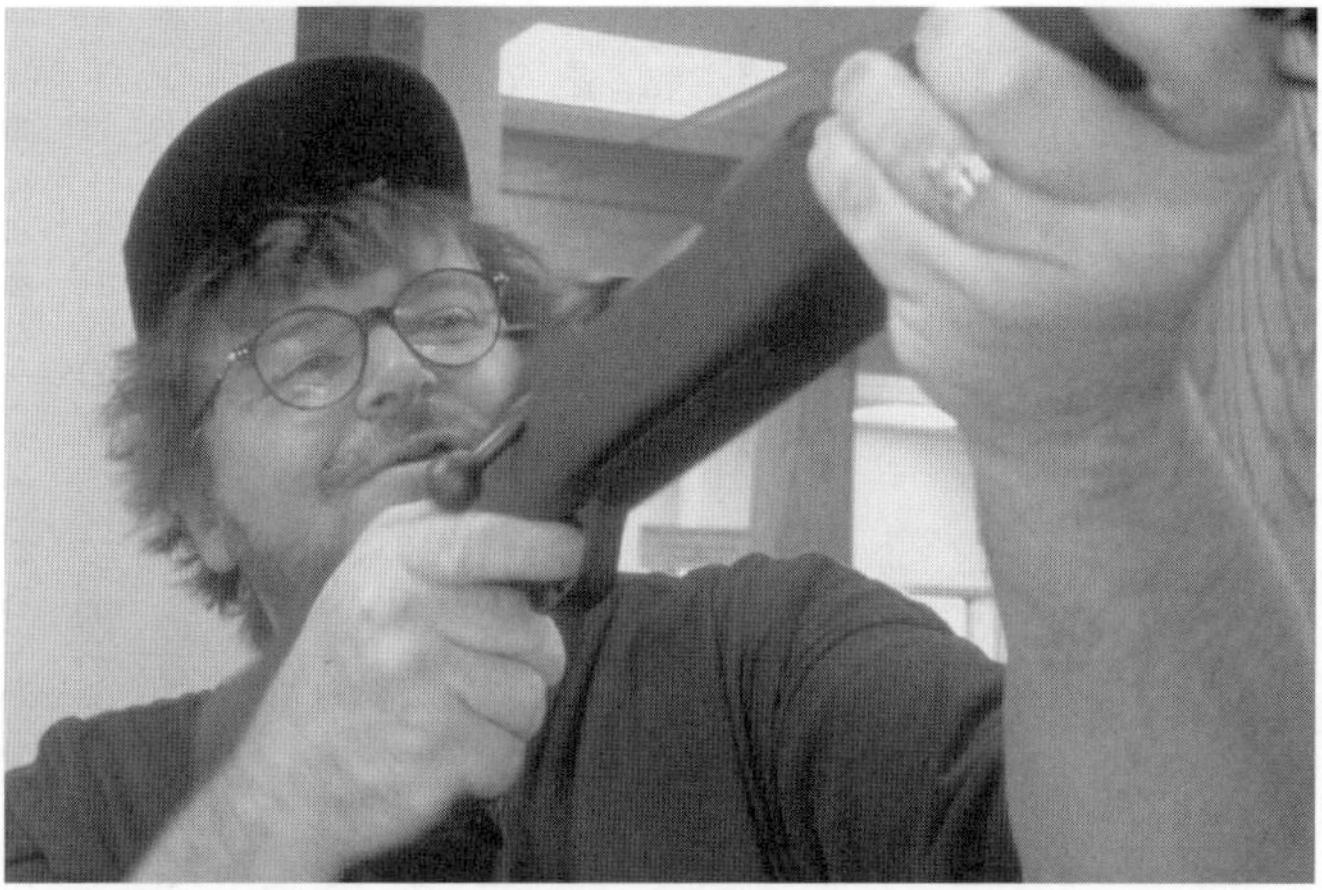

タイトル/ボウリング・フォー・コロンバイン デラックス版。発売元/タキコーポレーション，東芝エンタテインメント。価格/4,935円（税込）。(c) 2002 ICONOLATRY PRODUCTIONS INC. AND VIF BABELSBERGER FILMPRODUCTION GmbH & Co. ZWEITE KG

映画の舞台もコロンバインからフリントへ移る。この少年の母がシングルマザーであったことは、銃事件とシングルマザーの子育てを結びつけた。当時、共和党の大統領候補をめぐる選挙戦の真っ最中だったブッシュ・テキサス州知事はこの事件を評して、「悲劇的な事件だが、責任は親にある」と発言したことが日本でも紹介された。少年の父親は服役中で、母親は不在がちだったという。ブッシュ候補のこの発言は、離婚や未婚による、または服役中による「父親不在の子ども」が増え続け、アメリカの子どもの一〇人に四人は父親不在のシングルマザーの家庭で育てられていることへの当時の（そして現在の）世論をよく代表している。このような「世論」を背景にして、一九九〇年代の福祉改革は進行したのである。

映画によると、「不在がちである」といわれた母親は、フリントから約一〇〇キロメートル離れたデトロイト近郊の高級住宅地であるアーバンヒルズ市にあるレストランまで、片道一時間半をバスに乗り仕事に行っていたのである。その地にある有名俳優がオーナーであるレストランは公的な助成金を受けて、福祉受給者に要求される「ワークフェア」を受け入れていた。フリントは住民のほとんどがGMの工場で働くブルーカラーの町であり、しだいに工場も閉鎖されつつあるため、「ワークフェア」の仕事が近くにはなかったのである。そのため母親は子どもを兄弟の家に預けていて、子どもはその家から銃を持ち出したのだが、母親はそれを知らなかったという。

この事件は、社会福祉改革がシングルマザーの生活に与えた影響をクローズアップする。一九九六年に改正された福祉改革法は、それまで六一年続いたAFDC（要扶養児童家族扶助）を廃止して、新たにTANF（貧困家族への一時扶助）という新制度を施行したのだが、TANF受給者は二年以内には何らかの仕事に就くこと、または「ワークフェア」といわれる働き口で受給しながら働くこと、あるいは「コミュニティワーク」という無給の公的な仕事（公園の清掃など）を課せられる。現実にはシングルマザーたちは子どもの世話をしなければならないのだが、TANFの下では一歳未満の子どもがいるシングルマザーだけしか例外とされない。このような「暴力的」な状況に置かれたシングルマザーにとって、フリントの銃事件がまったく人ごとであるとは誰にとってもいえないのである。

◇福祉改革の経過と焦点

フリントのシングルマザーの生活を困難にした、一九九六年の福祉改革法とはどういう改革だったのだろうか。アメリカでは一般に、社会福祉または社会福祉受給者というとき、それはＡＦＤＣまたはその受給者をさしている。ＡＦＤＣは一九三五年の社会保障法により創設された制度で、扶養を要する一八歳以下の子どもをもつ貧困家族を対象とするプログラムで、連邦政府が州に補助金を交付し、各州がそれぞれ独自の基準によって運営してきた。扶助の内容は、各州の基準に基づく現金給付、就職奨励プログラム、就職斡旋サービス、保育を含む。ひとり親家族、または両親がいても失業者か、どちらかの親が重度の心身障害者であれば対象となるが、その対象家族の大部分がシングルマザーであることはいうまでもない。ゆえに「ウェルフェア・マザー」(welfare mothers) という言葉は、ＡＦＤＣを受給しているシングルマザーを意味する。同時に「ウェルフェア・マザー」とは、未婚で子どもを産み、仕事をしないでＡＦＤＣとフードスタンプをもらって生活している自堕落なシングルマザーというイメージをともなうことが一般的のようである。

このような「イメージ」は、ＡＦＤＣの受給者が増大し、かつその受給者の大部分が離婚や未婚のシングルマザーによって占められることが顕著になった一九七〇年代後半から定着し、ＡＦＤＣが不適切な制度であること、厳しく制限すべきものであること、社会福祉が貧困を解決するのではなく社会福祉が貧困の原因であるとする福祉観と結びつき、一九八〇年代から一連の福祉改革が進められたのだった。しかしそれらの改革が功を奏さないために、一九九〇年代に入るとＡＦＤＣを根本的に改革する福祉改革がめざされたのだった。

この福祉改革を議会に持ち出したのはクリントン大統領である。一九九二年の大統領選挙キャンペーンのときの彼の公約、「われわれにおなじみの福祉を終わらせよう」(end welfare as we know it) の実現としてであり、この改革すべき welfare とは明確にAFDCをさしていた。議会における四年間の議論の後の一九九六年八月二二日に、クリントン大統領は福祉改革法と呼ばれる、個人責任と就労機会調停法に署名をし、新法は成立した。福祉改革法はAFDCを廃止して、それに代えてTANFを創設し、一九九七年七月一日までに施行するとしたのだった。

福祉改革法とは、TANFを含めた大小九つのプログラムあるいは政策領域をカバーする法であり、これら広範な領域にわたって新たな福祉システムを施行することを目的とする。TANFはAFDCよりもはるかに制限的に施行されるプログラムであるが、それ以外のプログラムのほとんども受給者を厳しく制限した。たとえば、収入補足補助の変更により子どもの身体障害の範囲は狭められ、児童養育強制履行制度はより強力に施行され、フードスタンプの資格と利益は減少され、移民等の市民以外への受給は除外された。また婚外出産はアメリカの社会的問題のトップとされ、それと取り組むための新しいプログラムがつくられた。

福祉改革法は、「個人責任と就労機会調停法」というその名称がよく表しているように、貧困を個人の責任として追及することを強調している。この制度の特徴は、受給者の行動（結婚・仕事）を変えることにより、福祉への依存から労働による自立へと移行させることにある。結婚による両親家族を形成することを奨励し、未婚による出産を減少させることにより福祉の受給者になることが多いシングルマザーの出現を抑制すること、またシングルマザーになったとしても子の父（シングルファーザー）による私的扶養を強調する。「仕事に就くこと」と「家族の価値」が、福祉改革法の二大柱なのである。

◇改革の成果と行方

それでは、このような新法は、社会福祉の受給者を減少させることに成功したのだろうか。近年のAFDC受給者は一九九〇年代に入ってから増加を続け、そのピークは一九九四年であり、全米で月平均約五〇〇万家族が受給していた。しかし、福祉改革が実施された一九九七年以降からTANF受給者は減少し、一九九九年の全米の月平均受給者は約二五〇万家族とピーク時の約半数となった（一九九四年と一九九九年を比較すると、全米平均では四七・五％の減少）。このような受給者の減少だけをみれば、福祉改革は「大成功」したといえるだろう。

しかし受給者数が減少した一方で、施行後六年余が過ぎた福祉改革法は、多くの課題を抱えていることが明らかとなった。就労できるシングルマザーは就労したが、その条件に満たない、より多くの困難を抱えるシングルマザーとその家族は、受給者の「コア」として取り残されつつある。また就労したシングルマザーにしても、得られた仕事の多くは低賃金の、不安定な、一時的な仕事であり、その生活は他の公的援助なしには成り立つことが難しい。つまり、受給者が減少したにもかかわらず貧困なシングルマザーが減少しないことは、シングルマザーにとっては、「働くこと」が受給を離れる特効薬ではないことを証明したことになる。シングルマザーが働いて自立するためには、労働の場に派生するジェンダー問題——ジェンダー化された労働——を看過することができないのである。

二〇〇一年の夏に出版された、バーバラ・エーレンライク『*Nickel and Dimed*』は、このような福祉改革の欠陥を指摘した本として話題になった。著者であるジャーナリストのエーレンライクは、アメリカでは依然として多くの貧困な人々（多くは女性）が生活に苦しんでいること——その人たちはフルタイムで年間を通して働いているにもかかわらず——に注目した。この事実は、福祉改革が標榜した理念が機能してはいないことを表しているからである。福祉改革とは、「仕事に就くこと」こそがよりよい生活へのチケットであるという考えのうえに遂行されたのではなかったか。エーレンライクは、低賃金のサービス業——スーパーの店員、ウェイトレス、老人ホームの皿洗い等として実際に働くことによって、そのような低賃金の仕事はたとえフルタイムの仕事であっても生活が成り立たないという、ジェンダー化した労働の現実を明らかにし、福祉改革のレトリックを喝破したのだった。

アメリカにおいてＡＦＤＣが「悪いもの」とされて改革すべき対象となったのは、受給者が急増し、かつその受給者のほとんどが離婚か未婚のシングルマザーとその子どもたちであることが明らかになってからである。シングルマザーが貧困に陥りやすいことは、アメリカでも日本でも共通のことであるが、ＡＦＤＣ受給者に離婚や未婚のシングルマザーが多く出現した背景には、まずはアメリカでのシングルマザーの高い出現率がある。一九七〇年には一八歳未満の子どものいる家庭の一一％がシングルマザーだったが、一九九〇年には二四％と、何と四つに一つの家庭がシングルマザーの家庭である。それと比較すると日本の母子世帯の出現率は（統計により多少の違いがあるが）ほぼ二％なので、アメリカと比べるとシングルマザーの出現率が格段と低い。しかし、アメリカのシングルマザーが直面した「シングルマザーをめぐる世論」とは、日本のシングルマザーにとっても無関係なことではない。基本的に同じ問題を共有していることが、近年の児童扶養手当の改革案からも明らかである。

アメリカでは多くの人が銃を保持していて、銃による死亡事件が多い。それでは銃保持者が限られていて、銃による死亡者が少ない日本には問題はないのだろうか。シングルマザーの出現率がきわめて低い日本で、なぜシングルマザーたちは困難を抱えるのだろうか。アメリカのシングルマザーたちが福祉改革で直面した同じ困難をなぜ共有するのだろうか。その背後にある社会福祉と女性を取り巻く社会観が問題なのであり、ムーアの言うように、まさに問題は「銃」ではない。

参考資料(4) ひとり親世帯と社会福祉制度

資料4－1　ひとり親世帯になった理由別世帯数および構成割合の推移

調査年次		世帯数（単位：千世帯）						構成割合（単位：%）					
		総数	死別	生別				総数	死別	生別			
				総数	離婚	未婚の母	その他			総数	離婚	未婚の母	その他
父子世帯	1978	－	－	－	－	－	－	100.0	－	－	－	－	－
	83	167.3	66.9	100.5	90.7	－	9.8	100.0	40.0	60.1	54.2	－	5.8
	88	173.3	62.2	111.2	96.0	－	15.2	100.0	35.9	64.1	55.4	－	8.7
	93	157.3	50.7	103.1	98.5	－	4.6	100.0	32.2	65.6	62.6	－	2.9
	98	163.4	52.0	106.1	93.4	－	12.7	100.0	31.8	64.9	57.1	－	7.8
母子世帯	1978	633.7	316.1	317.5	240.1	30.3	47.1	100.0	49.9	50.1	37.9	4.8	7.4
	83	718.1	259.3	458.7	352.5	38.3	67.9	100.0	36.1	63.9	49.1	5.3	9.5
	88	849.2	252.3	596.9	529.1	30.4	37.3	100.0	29.7	70.3	62.3	3.6	4.4
	93	789.9	194.5	578.4	507.6	37.5	33.4	100.0	24.6	73.2	64.3	4.7	4.2
	98	954.9	178.8	763.1	653.6	69.3	40.2	100.0	18.7	79.9	68.4	7.3	4.2

（出所）　厚生労働省『平成 10 年度 全国母子世帯等調査結果の概要』2001 年 3 月。

資料４－２　生活保護世帯数の構成比の推移（世帯類型別）

（単位：％）

総　数	高齢者世帯	母子世帯	傷病・障害者世帯	その他の世帯
1971年度	30.7	9.9	40.9	18.6
75	31.4	10.0	45.8	12.9
80	30.3	12.8	46.0	10.9
84	30.7	14.6	45.1	9.6
90	37.2	11.7	42.9	8.1
93	41.1	9.3	42.3	7.2
94	41.8	9.0	42.1	7.1
95	42.3	8.7	42.0	6.9
96	43.2	8.4	41.6	6.8
97	44.0	8.3	41.0	6.7
98	44.5	8.2	40.4	6.8
99	44.9	8.3	39.6	7.1
2000	45.5	8.4	38.7	7.4
01	46.0	8.5	37.8	7.7
02	46.3	8.6	36.7	8.3

（出所）　厚生労働省「福祉行政報告例」と厚生統計協会『国民の福祉の動向』2003年。

資料4－3　児童扶養手当受給者数の推移（各年度末）

	受給者数	
	人　　数	指　　数
1975年度	251,316	100
1985	647,606	258
1995	603,534	240
2000	708,395	282
2001	759,194	302
2002	823,359	328

（注）　指数は1975年度を100とした値。
（出所）　厚生統計協会『国民の福祉の動向』2003年。

資料4－4　児童扶養手当の理由別受給者数の年次比較

	1975年度末		2002年度末	
	受給者数	構成割合	受給者数	構成割合
総　　数	251,316	100.0	823,359	100.0
離　婚	131,040	52.1	727,179	88.3
死　別	32,084	12.8	9,497	1.2
遺　棄	34,941	13.9	6,565	0.8
未婚の母	24,632	9.8	60,260	7.3
父障害	21,284	8.5	2,880	0.3
その他	7,335	2.8	16,978	2.1

（出所）　厚生統計協会『国民の福祉の動向』2003年。

第5章

進展する高齢者政策

1 介護保険の功罪

女性は「介護役割」から解放されたのか?

◆高齢者問題は女性問題

今日では、どちらを向いても高齢者問題が人々の関心を集めている。高齢社会の急速な進展は、自分が高齢者になること、あるいは誰かを介護するかもしれないというどちらをとっても、「人ごとではない」問題となったからである。このような「人ごとではない」問題は男女どちらにも降りかかるのだが、女性のほうにより深刻な問題を生じさせる。高齢社会ではその対象者も担い手も、女性のほうが多いからである。

では、男性と比べてどれほど女性のほうが多いのだろうか。高齢者の性別をみると、六五歳以上の人口は女性一〇〇に対して男性七一・三。ちなみに総人口は、女性一〇〇に対して男性九五・八とほぼ男女差はない。また高齢者のなかでも、年齢が高くなるほど男女差が大きくなる。前期高齢者(六五~七四歳)は女性一〇〇に対して男性八五・六であるが、後期高齢者(七五歳以上)になると、女性一〇〇に対して男性五三・六と、男性は女性のほぼ半数でしかない(総務庁編『二〇〇〇年版 高齢社会白書』)。

高齢者自身に女性が多いというだけでなく、高齢者の介護者の多くも女性が占めている。女性のほうが平均寿命が長いこと、女性が年上の男性と結婚する傾向があるだけでなく、介護が女性の役割と考えられてきたからである。介護保険の施行前の調査では、寝たきり高齢者の介護者のうち、女性は八五・一％、男性は一四・九％。その続柄をみると、「子の配偶者」(三四・二％)、「配偶者」(二七％)、「子」(二〇・二％)であり、「親族以外」は七・二％にすぎなかった(厚生省『一九九五年 国民生活基礎調査』)。具体的には、嫁と妻が大多数ということである。また、性別役割分業は家庭内だけではなく社会的にも組み込まれているため、家族以外の介護役割も、多くは女性によって担われている。社会福祉施設従事者や、在宅福祉の推進役を担うホームヘルパーやボランティアの大部分も女性である。このように高齢者問題が女性の側に多く出現することが、「高齢者問題は女性問題」といわれるゆえんなのである。一九八〇年代に入ると高齢者問題は政策課題となり、一九九〇年代になると介護保険の創設へと向かったのである。

◇高齢者福祉政策の推移

しかし、高齢者問題が今日のように人々の関心事となったのは、ここ数十年のことにすぎない。政策として高齢者問題が取り上げられるようになったのも一九七〇年代以降のことである。その頃から、高度経済成長による家族機能の変化等により、高齢者の介護問題がしだいに深刻な問題として考えられるようになった。『厚生白書』に「ねたきり老人」という言葉がはじめて登場したのが一九六九年、有吉佐和子が小説『恍惚の人』を発表し、ベストセラーとなったのは一九七二年であったが、当時はまだ「一部の人々」の問題としてとらえられていた。

『恍惚の人』のなかで明らかにされた女性が担う介護役割は、一九七〇年代後半から政策的に位置づけられた。まず「福祉見直し」のなかで登場した「日本型福祉社会」は、家族（女性）をその「受け皿」として位置づけた。一九七九年に出された「新経済社会七カ年計画」のなかで「日本型福祉社会」とは、「個人の自助努力と家庭や近隣・地域社会などとの連帯を基礎にしつつ、効率のよい政府が適切な公的福祉を重点的に保障するという自由経済社会のもつ創造的活力を原動力としたわが国独自の道」として描かれた。一九八〇年代にはこのような「日本型福祉社会」が行政改革下において追求され、在宅化が進行したのである。

それでも一九八〇年代半ばになると、働く女性の増加等によって、家族介護を基本とする「日本型福祉社会」は破綻が目立つようになる。一九八〇年代後半の政策からは家族の役割の重視、とくに三世代同居の強調は影を潜め、それにとって代わって「多様な形のサービス」という、民間サービスやボランティア活動が強調されるようになる。一九八八年に出された経済計画「世界とともに生きる日本——経済運営五カ年計画」には新たな「日本型福祉社会」が描かれているが、それは「公民の組み合わせによる独自の『日本型福祉社会』であり、その際、①社会保障制度の効率化・総合化、②世代間や制度間、受益者と負担者の間の公平、公正の確保、③民間活力の積極的活用と自助努力の促進を基本としつつ、施策を推進する」社会であるとされた。介護にあたる家族を支援するために、ショートステイ、ホームヘルパー、デイサービスを中心とする在宅サービスが進められた。

このような「新・日本型福祉社会」とは、家族や地域の機能の弱体化や働く女性の増加を前提とし、三世代同居を強調しないことが特徴としてあげられる。しかし、自助・連帯を重視し、公的部門をできるだけインフォーマル部門へ移行させる方針が明らかであり、女性はそのインフォーマル部門の中核として積極的に位置づけられている。たとえば、老人保健福祉の分野の将来のビジョンを数量的に示した「高齢者保健福祉推進一〇カ年戦略の見直し」（新ゴールドプラン）が一九九四年に策定され、ホームヘルパーの数をゴールドプランの一〇万人から一七万人へと増加した。しかしこの数は、公務員のヘルパー以外の、登録型ヘルパーといわれるさまざまなヘルパーを含めた数字である。ホームヘルパーの実態についてはいくつかの資料が明らかにしているが、事業者のリストに名前を登録して仕事を割り振ってもらい、実働分の給料を受け取る「登録ヘルパー」が大部分であり、賃金が安いだけでなく、仕事の確保がきわめて不安定な仕事である。実際の介護にあたるのは、このようなさまざまなヘルパーの女性なのである。「新・日本型福祉社会」とは、家族（女性）だけを介護の受け皿とはしていないけれども、依然として女性を介護の担い手――ホームヘルパー、あるいはボランティア――として位置づけた社会なのである。

◇ 介護保険法の成立

それでも一九九〇年代に入ると、家族（女性）が担う介護の負担が重いことは社会的な問題として認識され、「介護の社会化」が模索されるようになる。そしてその方向は、公的介護保険の創設に向けられたのである。

高齢者介護に関する基本的な論点の検討を行うために、有識者による「高齢者介護・自立支援システム研究会」が発足したのが一九九四年。同研究会は同年末に「新たな高齢者介護システムの構築を目指して」と題する報告書をまとめた。この報告書は、高齢者の「新介護システム」の創設を提案し、その費用負担方式については公費方式よりも社会保険方式のほうが適切であるとした。同報告書以前にも、高齢者介護に（何らかの）公的なシステムを導入する必要性については合意されていた。しかし、その具体的な方法として介護保険という「保険」が適しているか否かについては議論が分かれていたのだが、これ以降急速に保険方式に傾いていく。これらの経緯を踏まえ、一九九五年二月から老人保健福祉審議会において、高齢者介護システムの全体像についての検討が始められた。

老人保健福祉審議会は一九九六年四月に、三〇回にわたる審議の結果として「高齢者介護保険制度の創設について」をとりまとめた。この報告を踏まえて介護保険法は厚生省において作成され、一九九七年一二月九日に国会で可決され、二〇〇〇年度から施行されることとなった。

介護保険の仕組みとは、市町村が保険者となり、四〇歳以上のすべての人を被保険者とし保険料を徴収する。介護を必要としたときに、被保険者は市町村に申請をして、認定調査員による要介護認定を受ける。要介護度は六段階に分けられ、各段階ごとに一カ月当たりの受けられるサービスの上限が定められている。ケアプランが作成され、それに基づいたサービスを受けることができるが、要した費用の一割は負担しなければならない。介護サービスを提供する事業体は公的主体や社会福祉法人だけでなく、一定の条件を満たせば都道府県による指定を受けた民間企業、農協、生協、特定非営利活動法人、地域のボランティア団体といった多様な主体がサービスを提供することができるようになった。

◇介護保険と家族介護

「コムスン、一〇〇〇人削減へ」という見出しで、在宅介護サービス大手のコムスンの大幅な人員削減計画を新聞が大きく報じたのは二〇〇〇年六月、介護保険がスタートしてからわずか三カ月後のことだった。コムスンは介護保険のスタートに向け、それ以前には約一〇〇カ所しかなかった事業所を一気に一二〇〇カ所に増やした。事業所一カ所当たり、ケアマネジャー（介護支援専門員）を含む社員を三〜四人、パートタイムのヘルパーを十数人ずつ配置した。しかし、サービスの利用が予想を下回るなど利用が伸びず、事業規模の大幅縮小に踏み切ったのだった。この新聞報道後の八月末にコムスンは、さらに事業所を五〇〇から五五〇カ所減らす計画を発表した。一年経たずに、事業所が半数以下になったことになる。

この背景には、まず介護保険の利用者が少ないこと、利用する人にしても最高三五万円余のサービスが受けられるのだが、限度を下回るサービスしか受けないという事情がある。介護保険施行一年後の調査によると、全国の市町村のうち約七割が、給付実績が予算を下回ったという。在宅サービスがとくに低調で、認定を受けても在宅サービスを使わない人が約二〇％いると推定された。在宅サービスの利用が少ない理由としては、①一割の自己負担が経済的に重いこと、②介護スタッフを家に入れることに抵抗感があること、③制度や手続に不慣れなこと、があげられた（『朝日新聞』二〇〇一年三月四日）。

「自己負担が重いこと」に、複数回答で六三％が集中したが、低所得層や高齢者世帯にとっては一割負担が経済的に重荷であることを反映している。またそれほど重荷ではないにしても、数万円の自己負担金を支払わなければならないのなら、家族で介護するほうを選ぶ人も多いに違いない。他人を家に入れることへの抵抗感も強いため、依然として家族介護に寄せる大きい期待と価値観が、施行一年目の介護保険の利用が伸びなかった理由なのだろう。

介護保険の審議過程において、家族介護をどう評価するかは議論の焦点であった。家族介護に対して現金給付をすべきか否かという議論は、一九九六年四月に出された「高齢者介護保険制度の創設について」のなかでも結論が出せず、一九九六年六月に老人保健福祉審議会が出した答申「介護保険制度案大綱について」のなかでようやく家族介護への現金給付という案が消滅したのだった。この経過には、女性を介護役割に縛りつけるという観点から現金給付に反対した「高齢社会をよくする女性たちの会」の活動や意見が影響したという見方もある。

しかしその後、事態は一転したことは周知のとおりである。介護保険実施直前の一九九九年一〇月になって、亀井静香の発言をきっかけとして、家族介護への現金給付案が再浮上したからである。結局、家族の介護をするという「美風」を維持するために、外部の介護サービスを利用せずに重度の高齢者の介護をしている世帯に、介護保険の枠外で慰労金を支給することが決定された。亀井案では

「月額五万円の慰労金」であったが、最終的には年に一〇万円までと減額され、対象者も要介護度四と五の重度と認定された高齢者の介護をしている住民税非課税の低所得世帯に制限された。この一連の経過は、いかに家族介護の価値観が根強いかを、改めて明らかにしたのだった。

◆介護保険の課題――「日本型福祉社会」を超えて

介護保険はさまざまな問題を抱えてスタートしたが、一方で介護サービスの基盤が急速に整備され、拡大したことは確かである。有吉佐和子の小説『恍惚の人』のなかでは、痴呆老人となった舅《しゅうと》が使える在宅サービスは何もなかったのだが、現在では在宅福祉三本柱といわれるホームヘルパー、デイサービス、ショートステイはかなりの程度整備された。たとえばホームヘルパーは、一九八九年のゴールドプランにおいては一〇万人、新ゴールドプランにおいては一七万人、介護保険の実施直前の一九九九年一二月に策定されたゴールドプラン21では、五年間で三五万人を達成することが目標とされた。このような急速な整備には、介護保険の実施がテコとなったことは間違いない。

しかし一方で、そのホームヘルパーとして働く人としては女性が、それも不安定な不定期な働きをすることが期待されている。介護保険の実施体制とは、家族だけではなく、性別役割分業に基づいた女性の不安定な労働をも「受け皿」として成り立っているといえる。いわば「日本型福祉社会」と決別しないまま、その上に成り立っている「介護の社会化」なのである。介護保険（そして社会福祉の制度自体）が内包するこのようなジェンダー問題を、改めて再検討することが必要なのである。

2 ケアマネジャーという仕事

ケアマネジャーによる強盗殺人事件が与えたショック

◇新しい専門職

二〇〇〇年四月から施行された介護保険制度にともなって、新たに「ケアマネジャー」（介護支援専門員）という社会福祉の専門職が創設された。一九九八年四月の厚生省令によってその資格が定められた公的資格であり、法的名称は「介護支援専門員」というが、一般的にはケアマネジャー、またはケアマネと呼ばれている。

介護保険制度の下で介護保険給付を受けるには、被保険者は市町村に申請をして、認定調査員による要介護認定を受ける。要介護度は六段階に分けられ、各段階ごとに一カ月当たりの受けられるサービスの上限が定められている。要介護度が認定されるとケアプランが作成され、それに基づいたサービスを受けることができるが、要した費用の一割は自己負担しなければならない。要介護度を超えるサービスを受ければ、全額負担となる。介護保険給付の対象となるサービスは、公的主体や社会福祉法人だけでなく、民間企業、農協、生協、特定非営利活動法人、地域のボランティア団体といった多様な主体もサービスを提供することができるが、厚生労働省の定める基準に基づいて都道府県知事が事業者を指定する。一部の指定要件を満たしていなくとも市町村が認めた場合には、基準該当サービスとして、保険給付の対象とすることができる。このような介護保険のシステムの下では、多様なサービスを総合的・効率的に提供するサービス体系が確立されなければならず、またそのサービス体系を周知し、使いこなす人材が不可欠である。ケアマネジャーとは、その新しいシステムの中核を担う人として位置づけられた専門職である。

ケアマネジャーは、市町村を通じて要介護認定を受けた高齢者などからの相談に応じ、その人の心身状態などに応じた適切な介護サービスの情報提供をしながら、ケアマネジメント（要介護状態の評価、ケアプランの作成、サービスの仲介および実施、継続的な管理等）の実施を行う。ケアプランは、利用者自身がつくってもいいのだが現実にはかなり難しい。実際には、利用者に代わってケアマネジャーが、利用者・家族と相談してケアプランの原案をつくり、サービス提供機関と協議したうえで利用者の同意を得ることになる。またケアマネジャーは、介護の必要度を決めるため市町村の委託を受けて訪問調査を行い、福祉施設・事業者などとの橋渡し役も務める。ゆえにケアマネジャーには、介護保険制度の内容に習熟していること、介護を必要とする高齢者などが自立した生活を送るうえでの援助に関する専門的な知識が必要とされる。ケアマネジャーは、介護保険施設（特別養護老人ホームや老人保健施設、療養型病床群指定の病院等）、指定居住介護支援事業者（在宅介護支援センターや介護保険適用の民間企業等）等に配置される。

もともとケアマネジメントとは、一九七〇年代のアメリカで精神障害者の在宅ケアの取組みとして考案された。日本でも一九八〇年代半ばに障害者・高齢者などにサービスを効率よく調整・管理して提供するジェネリック・ソーシャルワークの一方法として紹介された。ゆえにケアマネジメントを行う人であるケアマネジャーという名称は、介護保険下ではじめてつくられた名称ではない。本来のケアマネジャーの機能が、利用者が必要とするケアを調整する、ということであるため、介護支援専門員をケアマネジャーと呼ぶようになったのである。

◆ケアマネジャーになるには

ケアマネジャーは、要件を満たす該当者が、都道府県または都道府県が指定する法人が行う実務研修受講試験に合格し、同じく都道府県または都道府県が指定する法人が行う実務研修（計三二時間）を受講し、修了することによって認定を受ける。

要件を満たす該当者とは、主なものだけをあげると、①医師、歯科医師、薬剤師、保健師、助産師、看護師（正・准）、社会福祉士、介護福祉士、精神保健福祉士、視能訓練士、義肢装具士、理学療法士、作業療法士、歯科衛生士、言語聴覚士、あん摩マッサージ指圧師、はり師、きゅう師、柔道整復師、栄養士等の資格を持ち五年以上従事した者、②保健・医療・福祉分野で原則として五年以上の実務経験がある者、③介護等に従事した期間が一〇年以上の者、である。

第一回目の受講試験は、一九九八年秋から冬にかけて各都道府県で実施され、介護保険実施前の初回の試験ということもあり、「受験フィーバー」といわれるような受験熱が高まった。受験用公認テキストは、刊行後わずか三カ月で二〇万部を超えたという。介護保険のスタートまでに四万人のケアマネジャーが必要だと行政が奨励したこと、介護保険実施後はケアマネジャーがいないと施設はやっていけないという危機感があったために、施設管理者が施設職員の受験を奨励したからである。その結果、全国で二〇万人以上が受験し、九万人余が合格した。しかしその後、年次が経るに従って受験者は減少し、二〇〇一年度の第四回試験では、受験者ははじめて一〇万人を下回り九万二〇〇〇人、合格者は三万二〇〇〇人であった。二〇〇二年の第五回試験でも受験者は九万六〇〇〇人、合格者は三万九〇〇〇人であった。このような受験者の減少は、介護保険がスタートし、すでに一定数のケアマネジャーが確保されたという事情もあるが、ケアマネジャーの仕事の実態がわかるに従って、オーバーワークな仕事であること、期待された役割と現実のギャップが明らかになったことも、希望者が減少した理由なのではないだろうか。

現在、どういう人たちがケアマネジャーとしての仕事に従事しているかというと、『朝日新聞』が二〇〇一年に行った「全国ケアマネジャー調査」によると、その前職は、看護師三八%、介護福祉士二一%、保健師七%、薬剤師と社会福祉士がそれぞれ五%である。他の資料からも、約四割のケアマネジャーの前職が看護師・准看護師であること、その八割近くが女性であることが明らかである（よりよい介護をめざすケアマネジャーの会編『ケアマネジャー六〇九人の証言』）。

◇ケアマネジャーの強盗殺人事件

介護保険が実施されてからほぼ一年が経った二〇〇一年の五月に、介護保険の現場を揺るがすような大事件が起きた。担当している高齢者の預金を強奪し、ケアマネジャーが高齢者を殺害したという事件である。ケアマネジャーの仕事とは、被保険者の高齢者やその家族の生活に即したケアプランを作成するために、高齢者のプライバシーをよく知りうる立場にある。そのような立場にあるケアマネジャーが起こした殺人事件は、ケアマネジャーの倫理観や仕事の仕方をめぐる議論を引き起こした。

和歌山市に住む石倉清子さん（七五歳）は、かつて経営していた旅館に下宿人の女性と二人で暮らしているが、足が不自由で、介護サービス会社から週二回程度、部屋の掃除や病院への送迎などの介護サービスを受けていた。その石倉さんが行方不明となり、同居人の女性の届出により和歌山県警が捜査したところ、石倉さん名義の預金口座から現金約七五万円が引き出されていた。和歌山県警は、石倉さんが介護を受けていた同市内の介護サービス会社のケアマネジャーを逮捕した。このケアマネジャーは、石倉さんの介護サービスの内容を決めるケアプラン作成を担当していた。逮捕されたケアマネジャーは、「石倉さんから頼まれて金を引き出した」などと供述したが、預金通帳二通と印鑑が介護サービス会社の机のなかから見つかったことにより、石倉さんを殺害して遺棄したことを認めた。

この事件は、スタートしたばかりの介護保険の現場に大きなショックを与え、いくつかの議論をもたらした。一つは、ケアマネジャーという、被保険者のプライバシーに立ち入り、場合によっては資産状況を知りうる立場にいる者には、利用者の権利の尊重、公平性・中立性、プライバシーの保護などの姿勢や倫理観が求められるという議論である。もう一つは、介護現場での資産管理の難しさである。これはケアマネジャーに限らず、ホームヘルパーなども共有する現実的な問題である。

倫理問題に関しては、さっそく大阪府介護支援専門員協会が行動を起こし、全国に先駆けてケアマネジャーの倫理綱領を制定した。介護される者の人権尊重やプライバシーの保護などを定め、違反した場合は協会除名などの処分をとる、とした。また、倫理綱領を制定するだけではなく、綱領を徹底させる研修等を行うことにより、ケアマネジャーの資質を維持していくという。

金銭管理に関しては、ケアマネジャーだけでなく、ホームヘルパーも含めて、介護する立場と受ける側の金銭トラブルを防ぐための方策が検討された。たとえば名古屋市社会福祉協議会は、お年寄りから通帳と印鑑を同時に預からない、預金の引出額を三万円以内にする、お金を預かるときは預かり書を書く、といったルールを再確認したという。介護保険の在宅サービス利用を阻む大きなネックは、他人が家に入ること、他人にプライバシーを明かすことであるといわれているが、このような事件がさらに拍車をかけることが懸念されたのだ。被保険者とケアマネジャー（他の職種も含めて）の信頼関係を築くことが、この不幸な事件が残した教訓なのだろう。

ケアマネジャーの資質を高める取組みとして、日本ケアマネジメント学会は二〇〇三年七月から、ケアマネジャーの認定制度をスタートさせた。同学会に所属し、三年以上の実務経験がある人を対象にして、書類審査と口頭試験に合格した人を「認定ケアマネジャー」とする。二〇〇三年一一月に第一回認定ケアマネジャー試験が実施され、一五名が合格した（合格率五七・六％）。同学会だけでなく、ケアマネジャーの資質を高めるこのような取組みは、今後も増えるに違いない。

◆ 介護保険の推進のために

二〇〇〇年四月から実施された介護保険については、すでにいくつかの実施上の問題点が指摘されている。その焦点の一つは、ケアマネジャーに関することである。それらを整理すると、①ケアマネジャーの仕事は事務的な手続が煩雑で、仕事量が多いこと。また利用者の認知度が低く、介護報酬も高くない仕事であること。②ケアマネジャーの立場が弱く、労働条件が悪い仕事であること。

①については、ほとんどのケアマネジャーは事業所に所属しているが、ケアマネジャーの介護報酬は利用者一人のケアプランをつくって一カ月の管理をした場合、要介護度に応じて報酬は異なるが、月額で約六五〇〇〜八四〇〇円。厚生労働省が標準とする五〇人分を受け持っても最大で四〇万円ほどにしかならず、経費を差し引けば人件費をまかなうことも難しい。そのため受け持ち件数を増やさざるをえなくなる。②については、多くのケアマネジャーの労働条件が悪いため、①と関連することでもあるが、介護事業者の意向に沿うような仕事をせざるをえないことがある。介護事業者は一つの法人が数種類の在宅介護サービスを提供することが多いので、職場の圧力や暗黙の配慮により、自前のサービスを優先的に組み込みがちである。前述した『朝日新聞』が行った「全国ケアマネジャー調査」の結果をみても、専任のケアマネジャーは四〇%で、六〇%は兼任である。看護師や薬剤師、保健師や介護福祉士との兼任で仕事をしている。月平均のケアプラン作成数は、一人当たり五〇件という厚生労働省の基準を上回って受け持っている人が二四%いる。全体の約六割が、辞めたいと思ったことがあると答えている。そのような厳しい労働条件のなかで多くのケアマネジャーは、業務をこな

すうえでの問題点として複数回答ながらも、ケアプラン作成の事務量が多いこと（六三%）、介護報酬に結びつかない業務が多いこと（五五%）、ケアプランの作成料が安いこと（五一%）、と答えている。このような調査結果から、利用者と制度との板挟みになり、懸命にオーバーワークをこなす、消耗寸前のケアマネジャーの姿を見て取ることができる。

介護保険実施前のケアマネジャーの「受験フィーバー」が終わり、最近では受験者数が減少している理由は、このような現実が明らかになったことと無縁であるとはいえない。多くのケアマネジャーは、介護保険の中核となって働くことを希望し、新しい専門職に従事することに夢をもって飛び込んできた人たちだ。その人たちの技量と熱意が介護保険の行方を左右するといっても過言ではない。介護保険のスムーズな実施は、この制度の要《かなめ》であるケアマネジャーの今後の育成にかかっている。

3　介護をする男たち　介護休暇制度の効用

◇誰が介護をしているか・誰に介護をしてほしいか

介護が女性役割とされているため、家族の介護を担っているのは女性が多いことはよく知られているが、では、自分が寝たきりになったなら、在宅ではどのように、また誰に介護されたいと考えているのだろうか。介護保険実施前の一九九五年に総理府が行った「高齢者介護に関する世論調査」によると、その答えは男女により大きく異なっている。六〇歳以上の男性の答えは、一位は「家族だけに介護されたい」(四〇・五%)で、次いで「家族を中心に外部の者にも」(三八・一%)、「外部の者を中心に家族にも」(一五%)である。一方、女性のほうは同じ六〇歳以上でも、一位は「家族を中心に外部の者にも」(四〇%)、次いで「家族だけに介護されたい」(二六%)、「外部の者を中心に家族にも」(一七%)であった。また、「外部の者だけに介護されたい」という項目への回答は、女性が六・六%であったのに対して、男性は一・九%であった。男性のほうが女性よりも、家族の介護を期待していることが明らかである。

家族のなかで誰に介護されたいと考えているのかというと、六〇歳以上の男性は「配偶者」(六八・五%)、「嫁」(一一・四%)、「娘」(一〇%)、「息子」(七・三%)であった。六〇歳以上の女性は、「娘」(三一・九%)、「嫁」(三一・九%)、「配偶者」(一七・七%)、「息子」(九・二%)であった。この背後には、「介護は女性の役割」とする考え方があるのだが、男性と比べて女性のほうが配偶者に介護を期待することが少ない理由として、その機会が少ないということもあるだろう。女性のほうが平均寿命が長いこと、一般的に男性は年下の女性と結婚する傾向が強いため、妻が夫に介護される確率は低い。ましてやそのうえに、「介護は女性の役割」とする役割観が強固ならば、妻が夫に介護される機会はごく少ない。男性は配偶者に介護を強く期待し、女性が少ししか期待しない理由とは、男性をあてにはできない現実を反映しているからだろう。

性別による違いはわからないながら、最近報告された内閣府による「高齢者の健康に関する意識調査」は、「子どもに面倒をみてもらう」という意識が薄らいでいることを明らかにした。調査時点は二〇〇二年末であり、前回調査（一九九七年）との間に介護保険が実施された影響であると考えられる。介護を頼む相手として、配偶者五三・四％（五三・二％、一九九七年—以下同じ）、子ども五二・八％（七一・四％）、子どもの配偶者二五・三％（三八・二％）、ホームヘルパー一九・一％（一二・五％）と、子どもや子どもの配偶者が大きく減少した。ということは実際には、（外部の者の手を借りながら）配偶者（妻）を頼りにしているということなのだ。

◇男性による介護の本

そうはいっても、妻のほうが病気になって介護を必要とする場合だってある。そのとき夫たちはどうするのだろうか。最近では、妻の介護や看護のために責任あるポストを去る男性たちがマスコミで紹介されるなど話題になった。東海銀行の会長を退いた西垣覚さん（六五歳）、代議士を引退した社民党副党首の伊藤茂さん（七二歳）、大阪・高槻市長を辞任した江村利雄さん（七五歳）たちである。

そのうちの一人である、元高槻市長の江村利雄さんは、妻が骨粗鬆症《こつそしょうしょう》から骨折して歩行不能となり、パーキンソン病や痴呆の症状も出てきたために、妻を介護するために任期の途中で高槻市長を辞任した。「市長の代わりはおっても、夫の代わりはおりまへん」。市長をしていたときから、夜中と朝のおむつ交換、朝食を食べさせるなど、できるだけの介護をしてはいたのだが、だんだん手間がかかるようになり、公務との両立ができなくなったために辞任を決意したという。辞任後の毎日は、毎朝おむつを交換してから、長男の妻がつくる朝食をゆっくりと二時間以上かけて食べさせる。その間には洗濯。午後はホームヘルパーと娘、嫁とローテーションを組んで自分の時間をつくるようにしている。週一回はデイケア・センターを利用している。夫でなければできない介護があるという江村さんが書いた本は、『夫のかわりはおりまへん』。

また、妻に限らず、老親の介護をする男性たちも現れた。男性による老親介護の本が続けて出たのも一九九〇年代終わり頃の特徴だろう。舛添要一『母に襁褓《むつき》をあてるとき――介護闘いの日々』、竹永睦男『男の介護――四八歳サラリーマンの選択』、俵孝太郎『どこまで続くヌカルミぞ――老老介護奮戦記』、生島ヒロシ『おばあちゃま、壊れちゃったの？――ボクと妻の老親介護』等がそれである。といってもこれらの本に書かれている老親介護とは、直接介護をしたという経験を綴ったものばかりではない。直接的な介護をしたのは妻、あるいはホームヘルパーであったりと、介護の采配をふるった「男の介護」である。ちなみに舛添要一が書いた本のタイトルは『母に襁褓《むつき》をあてるとき』であるが、彼が母親のおむつを替えたことは一度もない。

江村さんをはじめとする、妻の介護のために仕事を辞めた夫たちは、公職よりも妻の介護をすることを選んだのだが、彼らはいわば功成り名を遂げたあとなので、仕事を辞めたとしても蓄えもあるし、介護の手助けを求める手だてもあるだろう。一般の働き盛りの年齢の男性では、仕事よりも介護をきっぱりと選ぶことはなかなか難しい。仕事と介護を両立させるために、そういう男性（もちろん、女性も含めて）を助ける制度が必要となるのである。

◇介護休業制度の創設

介護休業制度の創設がそれである。介護休業制度とは、労働者が事業主に申し出ることによって、連続して三カ月を限度として、要介護状態にある家族を介護するために取ることができる休業制度である。一九九一年に育児休業法が成立し一九九二年四月から施行されたが、一九九五年に同法を一部改正して介護休業制度が導入された。ゆえに一九九五年に育児休業法は、「育児休業、介護休業等育児又は家族介護を行う労働者の福祉に関する法律」と名称が変更された。同法は、労働者の職業生活と家庭生活の両立に寄与し、家庭責任をもつ労働者の福祉を増進することを目的として、①育児休業、②介護休業、③深夜業の制限、④勤務時間短縮など事業主が講ずべき措置、⑤国等による対象労働者に対する支援措置、などについて規定している。

一九九九年四月からは、全企業に対して介護休業制度の導入が義務づけられた。同法による介護休業の対象となる家族の範囲は、労働者の配偶者・父母・子ども・配偶者の父母であり、同居し扶養している場合には、孫・兄弟姉妹も対象になる。介護休業期間は三カ月であり、原則として同一の対象家族については一回のみである。介護休業をしたことを理由とする解雇は禁止されている。休業期間中の所得保障として、雇用保険から休業前の賃金の二五％にあたる介護休業給付が支給される。

介護休業制度は実施されたのだが、実際に運用される際に問題になるのは、休業期間についてだろう。三カ月という期間が、果たして介護にとって十分な期間なのかは疑問である。介護休業法をめぐる審議会でも、労働者側は半年の休業期間を求めたが、「介護休業は対象者が多いだろうから」という使用者側の意見が通ったのだ。

一九九九年の法施行直後の労働省の調査によると、約六四％の企業が休業期間を法定の最長三カ月としていた。法定の三カ月を上回り、より長期の介護休業を規定したところは多くはなかった。「育児休業の利用者は若手が多いので一年でもいいが、介護休業取得者は中堅が多いだろうから、中堅の長期の穴埋めは派遣社員ではできない、三カ月が限度」という企業側の意見もある。三カ月という期間は、その後長期にわたるかもしれない介護の段取りを整えるための期間ということになるのだろう。しかし、同一人に対しては一回しか使えないため、いつ出していいのか迷うジョーカーのようなものともいえよう。

介護休業をめぐって行われたもう一つの議論は、社会保険料の支払いをめぐってであった。育児休業では社会保険料の支払いが免除となっているため、同様に介護休業中の社会保険料の支払い免除が要望されたのだが、介護休業取得者が多くなるとの予想のもとに却下された。今後、同法の見直しに際しては、休業期間の延長と社会保険料の免除が焦点となるだろう。

労働省によると、介護休業の導入が全企業に義務づけられる前の一九九六年に、従業員三〇人以上の事業所一万カ所を対象にした調査結果では、介護休業の制度があるのは二三・二％、介護のための時間短縮制度があるのは九・二％でしかなかった。このような状況のなかでは、介護休業制度が全企業に導入を義務づけられた意義は大きいといえるだろう。

◆ファミリー・フレンドリー企業の介護休暇

労働省は一九九九年度から、働きながら育児や介護ができるような配慮をしている企業を「ファミリー・フレンドリー企業」として表彰することを始めた。一九九九年四月から育児・介護休業法が全面施行されたのに合わせて、同制度の定着をねらっての側面からの援助である。一九九九年度は三八社、二〇〇〇年度は四六社、二〇〇一年度は四〇社、二〇〇三年度は三二社が選ばれた。

二〇〇一年度に表彰された四〇社を対象にして、『朝日新聞』が介護休業についてアンケートを行った（二〇〇二年六月）。その結果によると、介護休業期間について法定の三カ月を超える期間を認めている企業が三一社。内訳は、「一年」が最も多くて二三社、次いで、「六カ月」が三社、「一年六カ月」が二社、「二年」「三年」「無制限」が各一企業ずつ。「無制限」は家具メーカーの朝日相扶製作所。一九九二年から、同居する両親や祖父母等高齢者に限って導入した。高齢者介護は期間がわからないから、と会長が音頭を取って導入したという。もっとも期間中は無給のため、これまで「無制限」にとった社員はいないとのこと。「三年」は天満屋ストア。勤続一〇年以上の社員に限って認めている。小売業は長期に休んでも職場復帰が容易であること、七割以上の従業員が女性で、祖父母や両親との同居が多いこと、企業側も継続雇用を望んだため労働組合の要求によって一九九一年から導入した。しかし実際に取得した期間は、一カ月から三カ月だという。

四〇社でどれだけの人が実際に介護休業制度を利用したかというと、二〇〇〇年度の利用者は男性九人、女性四六人。二〇〇一年度は男性一八人、女性四八人であった。むろん女性のほうがずっと多いが、男性もかなり利用していることが目につく。育児休業の利用者は、実際に利用した人のうち女性が九九％以上で、男性は一％にも達していない。このアンケートに限っていえば男性利用者が二八％を占めるので、育児休業と比べると介護休業には格段に男性の利用者が多いことになる。育児は妻に任せてしまう男性でも、自分の親の介護となるとそうはいかないというのが実情なのだろうか。今までに経験したことのない高齢社会の進行は、従来の社会のあり方に否応なく風穴を開けつつある。介護休業制度は、男性に介護する機会を与えることには効果があるようである。高齢社会を男女で担っていくためには、介護休業制度のさらなる充実が必要である。

4 介護保険の改正へ向けて　よりよい介護の社会化へ

◆四年目に入った介護保険

介護保険が実施されて約四年が経過した。介護保険法が第一四一回国会で成立したのが一九九七年一二月。施行は二〇〇〇年四月からとされたが、成立した時点では詳細が決まっておらず、さまざまな不安や疑問は残されたままであった。それらは、①保険料や利用料をはじめ、制度の具体的な内容が法成立後に決められる政令や省令に委ねられていたこと、②介護サービス基盤整備への不安や、保険から支払われるサービス費用の上限を決める要介護認定のあり方への疑問、③低所得者層の負担が大幅に増えるという不安等、であった。これらの不安や疑問とは、介護を社会的に支援する制度の枠組みづくりがともかく急がれたために、法案の審議があまりにも短期間しかなされなかったことによるものである。施行までの二年余を準備期間とし、ともかく介護保険は二〇〇〇年四月に、不安を抱えながらも施行されたのだった。

「走りながら考える」といわれた介護保険であるが、不安を抱えたスタートのわりには、まあまあ順調に滑り出したというのがおおかたの評価のようである。初年度は利用が伸びずに給付実績が予算を下回る市町村も多かったが、その後制度が定着するにつれて利用者も増加した。もちろん高齢者が増加し、介護を必要とする高齢者も増加したからでもあろう。

二〇〇三年五月時点で、介護保険のサービスを受けている人は二八九万人（うち四〇～六四歳の「特定疾病」での受給者は一〇万人）。六五歳以上の高齢者約二四〇〇万人の一一・六%が介護保険を利用していることになる。利用されているサービスは、全体の七四%が在宅サービス、二六%が施設サービスである。

介護保険がスタートした二〇〇〇年から三年間で、六五歳以上の人口は一〇%増加し、介護サービスの利用者は二〇〇二年末で七八%増加した。これにともなってサービスの給付費は二〇〇〇年度の三・二兆円から、二〇〇三年度の予算では四・八兆円に増加した。このような増加率が続けば、厚生労働省の推計によると二〇二五年には二〇兆円に達すると見込まれる。

一方で、高齢者のなかでも単身高齢者が増加している。二〇〇一年に三一八万世帯だった単身高齢者は、今後一〇年ほどで五〇〇万世帯になると予測される。増え続ける高齢者を現行の介護保険で賄いきれるのか、家族の介護に頼れない単身高齢者を介護保険はどう扱うのか、介護保険に求められる課題は多い。

◆「二〇歳から介護保険に」

介護保険制度は、施行後五年を経た二〇〇五年に見直されることになっている。厚生労働省は二〇〇三年五月に社会保障審議会介護保険部会を発足させ、介護保険制度の見直し作業に着手した。改正に向けての論議はすでにスタートしている。二〇〇五年の見直しで改正すべき点は多々あるが、ここでは改正の焦点をいくつか取り上げることにする。

まず最大の焦点は、今後予想されるサービス量の伸びを支える財源を確保するために、現在四〇歳以上から徴収している保険料を、二〇歳以上に引き下げるという改正案である。六五歳以上の保険料は二〇〇三年四月に初改訂され、全国平均で一三％上がって三二九三円（月額）となった。四五〇〇円を超す市町村も五五ある。二〇〇二年秋からは高齢者の医療費負担が増加し、年金改革による年金の給付額の削減も議論されているなか、これ以上の保険料の引上げにも限度がある。一方、子育てや教育に金がかかる若い世代の負担を増やすことには異論もあり、企業の負担増になるため経済団体なども消極的だ。このような保険料の負担の限界を見据えて、財政基盤の強化を図るためには、保険料の徴収対象を二〇歳以上に広げることが検討されている。

介護保険の財源は、保険給付費の半分を公費で、残りの半分を保険料で賄っている。公費負担の内訳は、国が二分の一、都道府県および市町村が各四分の一ずつである。保険料を納める被保険者は、基本的に四〇歳以上の人全員である。受給権の範囲や保険料設定・徴収方法の違いから、六五歳以上の人（第一号被保険者）と、四〇歳以上六五歳未満の人（第二号被保険者）に区別されている。

受給権の違いとは、第一号被保険者は、原因を問わず要介護者または要支援者になると保険給付を受けることができるが、第二号被保険者は、初老期痴呆、脳血管障害等の老化に関する疾病（特定疾病）により要介護等の状態になったときに限って受給権が生じる。それ以外の原因によって要介護状態になった場合は、従来どおり障害者福祉施策が対応する。また保険料と徴収方法の違いもある。第一号被保険者の保険料は、市町村が定額保険料を定めて徴収する（低所得者への負担軽減がある）。各市町村により介護保険の給付水準の違いがあるため、この定額保険料は市町村により異なる。保険料は三年に一度改定される。第二号被保険者の保険料は、医療保険者が各医療保険法に基づいて賦課・徴収する。

すべての被保険者は保険料を負担するが、第二号被保険者のうち健康保険法等の規定による被扶養者（たとえば専業主婦）は保険料負担が不用である。第一号被保険者には、被扶養者という区別はなく、個々人が被保険者となる。六五歳以上であれば、生活保護受給者の場合も、また外国人であっても、住所をもっていると認められれば被保険者となる。ただし、介護保険法の施行にともなう経過措置として、身体障害者療養施設に入所している人、その他特別の理由がある人は、当分の間、介護保険の被保険者にはならず、現行の障害者福祉施設等で対応することになっている。

負担増となる世代からは反発があることが予想されるが、「二〇歳から介護保険」という案は、介護保険の財源の安定という大きな目標を掲げて登場したのである。

◇「介護・障害保険」

もう一つの焦点は、同じように介護を必要としている障害者も含めて、「介護・障害保険」とするという改正案である。二〇〇三年四月から始まった障害者支援費制度を介護保険に組み込もうという考えで、両方を運営している自治体からは要望されている案である。二〇〇三年二月には、全国地域生活支援ネットワークと朝日新聞社の共催による「障害者福祉は介護保険で！」というシンポジウムが開催され、宮城県知事・浅野史郎ほか六知事が参加して賛意を表明した。

介護保険も障害者支援費制度も、社会福祉基礎構造改革に則り、措置制度ではなく利用者自身が選択できる新しい制度のもとに行われている。しかし両者の相違点は、介護保険は保険料をもとにして運営されているが、障害者支援費制度は税金だけで運営されていることにある。税金だけで運営されている支援費制度は、高齢化にともなって今後増大する障害者のニーズに応えられなくなる懸念がおおいにあり、介護保険への統合が模索されている。もともと介護保険の初期の案では、障害者も組み込んだ介護保険制度が想定されたのだが、障害者団体からの反対もあり、障害者を除外する案になったという経緯がある。しかし介護保険の導入により、六五歳以上の障害者は障害者福祉サービスよりも介護保険のサービスを優先して受けることになったなどの混乱が生じた。また四〇歳から六四歳までの障害者は、加齢による疾病を原因とする障害者は介護保険の対象となり、それ以外の理由によっては対象にならないなどの整合性に欠ける部分が明らかになった。

しかしこの合併案に対して障害者団体の一部では、高齢者と障害者ではサービスのニーズが違うこと、介護保険で設けている利用上限では障害者のニーズを満たすことができない、と反対している。介護保険では一割の自己負担で利用できる在宅サービスは最高で月約三五万円余に限られる。一時間四〇二〇円の身体介護なら九〇時間分で、それ以上の利用を望めば利用者の一〇割負担となる。しかし障害者のなかには、とくに若年障害者であれば、介護の必要度が高くても施設や家族のもとを離れてひとり暮らしを選ぶ人もいる。月九〇時間の介護では、障害者の自立生活は維持できないのだ。またサービスの種類にしても、高齢者と違い就労や社会参加のための外出支援など、異なるサービスの需要もある。統合論を進めるにあたっては、財政的な議論だけではなく、障害者の在宅生活を支えるためにはどのようなサービスの質と量が必要かが、十分議論されなければならない。

◆在宅生活を支えるサービスを

最後に加えておきたい焦点は、在宅介護を支える新しいサービスが模索されているということ。介護保険が始まって以来一貫している傾向の一つは、特別養護老人ホームなどの入所施設の需要が高いことである。施設での介護は費用がかさみ、これが総給付費が高くなる原因である。三割の施設利用者が給付費の六割を使う構造となっている。しかし、自宅で生活できなくなった高齢者は施設入所を希望する。今後、単身高齢者が増加すれば、この傾向はますます強くなるだろう。

二〇〇三年六月に、厚生労働省老健局長の私的検討会である「高齢者介護研究会」が、団塊の世代が高齢者となる二〇一五年を見据えた、今後の介護のあり方を報告書にまとめた。そのなかで、「現在の介護サービスは在宅生活を支えきれていない」と分析し、有料老人ホームやグループホームなど「居住型サービス」の拡充を求めている。さらに新しいサービスとして「小規模・多機能サービス拠点」の導入を提案した。宅老所や一部の特養のサテライト方式の実践をひな形にしたアイデアだという。つまり、今までのように在宅か施設かの選択ではなく、その中間にあたるサービスの導入を提案したのだ。

介護保険で利用されている在宅サービスのうち、とくに増加が目立つのは、痴呆性高齢者のグループホームと、「特定施設」といわれる有料老人ホーム・ケアハウスである。二〇〇二年四月からの一年間で、グループホームの事業者は六〇%増加、特定施設の事業者は三四%増加した。いずれも居住費が入居者負担の「住まい」で、制度上は在宅サービスに分類される。このような施設が増加したのは、特別養護老人ホームに代わって利用され始めたからである。介護保険ができて、二四時間介護の目が行き届く特別養護老人ホームには行政を通さずに自由に申し込めるようになったが、入居希望者が多く簡単には入れない。その特別養護老人ホームの受け皿として利用されているのである。利用者の施設志向が強いのは、介護の目が行き届きにくい在宅では安心して生活できない人もいるからだ。

こうした不安に応えるには、少人数の高齢者が介護スタッフと地域で共同生活するグループホームのような、在宅と施設の中間的なサービスを拡大することだろう。

こうした現状は、「高齢者介護研究会」の報告書にあるような「居住型サービス」の拡充や、「小規模・多機能サービス拠点」の導入が必要であることを納得させる。「小規模・多機能サービス拠点」あるいは「小規模多機能ホーム」とは、地域のなかで訪問介護やデイサービス、ショートステイなどを複合的に提供する拠点で、グループホームとして住むこともできる。すでにいくつかひな形がある。

そのうちの一つ、栃木県壬生町の宅老所「のぞみホーム」は、一〇年前に築二〇年の借家を改装して始まった。新築した別棟とあわせて現在一一人が住む。日中の通いが五人、うち三人は必要なときには泊まる。スタッフは利用者宅に出向いて介助することもある。当初は通いだけだったが、利用者や家族の求めによってサービスの種類が増えた。時間延長や急な宿泊も可能である。通所介護と短期入所、訪問介護の機能が一体になり、同時に高齢者住宅でもある。通所・訪問介護だけ介護保険の事業所指定を受け、「泊まり」と「住まい」は自主事業という位置づけである。こうした新たなサービスをどう制度に位置づけるかも重要な検討課題である。財政論中心ではなく、高齢者の生活の質を中心にして、改正へ向けての議論がなされるべきだろう。

参考資料(5) 高齢社会を支える仕組み

介護保険の仕組み

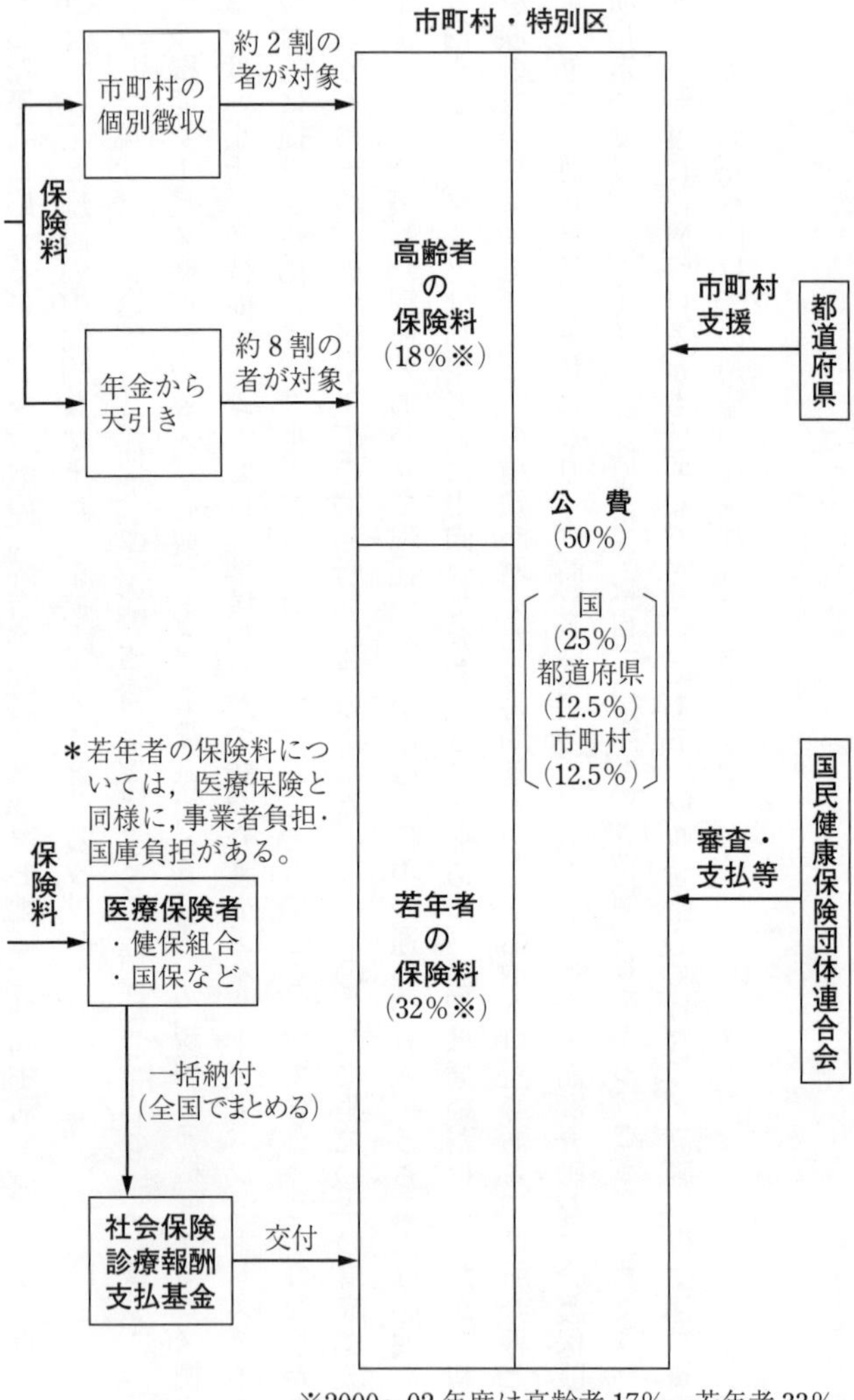

※2000～02年度は高齢者17%，若年者33%。

資料5-1

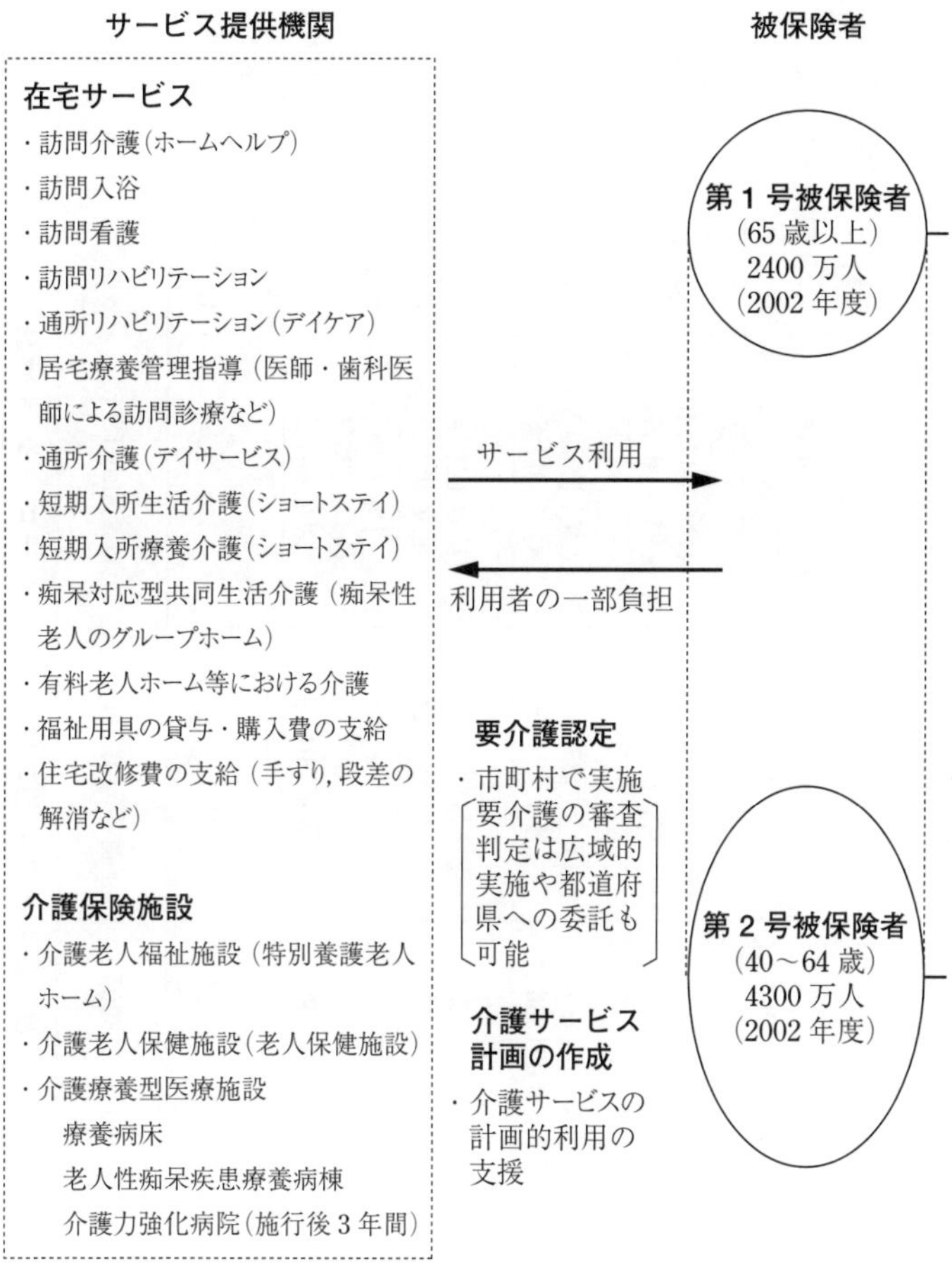
サービス提供機関
被保険者
在宅サービス
・訪問介護（ホームヘルプ）
・訪問入浴
・訪問看護
・訪問リハビリテーション
・通所リハビリテーション（デイケア）
・居宅療養管理指導（医師・歯科医師による訪問診療など）
・通所介護（デイサービス）
・短期入所生活介護（ショートステイ）
・短期入所療養介護（ショートステイ）
・痴呆対応型共同生活介護（痴呆性老人のグループホーム）
・有料老人ホーム等における介護
・福祉用具の貸与・購入費の支給
・住宅改修費の支給（手すり，段差の解消など）
介護保険施設
・介護老人福祉施設（特別養護老人ホーム）
・介護老人保健施設（老人保健施設）
・介護療養型医療施設
療養病床
老人性痴呆疾患療養病棟
介護力強化病院（施行後3年間）
サービス利用
利用者の一部負担
要介護認定
・市町村で実施
〔要介護の審査判定は広域的実施や都道府県への委託も可能〕
介護サービス計画の作成
・介護サービスの計画的利用の支援
第1号被保険者
（65歳以上）
2400万人
（2002年度）
第2号被保険者
（40～64歳）
4300万人
（2002年度）

（出所）　厚生労働省『平成15年版 厚生労働白書』2003年。

資料 5－2　ゴールドプラン21に関わる基盤整備等の状況

		2001 年度実績	2002 年度予算	2003 年度予算	ゴールドプラン 21 (2004 年度) 介護サービス提供見込量
在宅系サービス	訪問介護（ホームヘルプサービス）				225 百万時間 (35 万人)
	訪問介護 訪問看護ステーション	6,100 カ所 (4,825 カ所) 〔48.7 %〕	7,100 カ所	8,100 カ所	44 百万時間 (9,900 カ所)
	通所介護(デイサービス) 通所リハビリテーション(デイケア)	16,150 カ所 (14,579 カ所) 〔56.1 %〕	17,150 カ所 (デイサービスセンター)	17,850 カ所 (デイサービスセンター)	105 百万回 (26,000 カ所)
	短期入所生活介護/ 短期入所療養介護	83,000 人分 (短期入所生活介護専用床) (-)	90,100 人分 (短期入所生活介護専用床)	95,100 人分 (短期入所生活介護専用床)	4,785 千週 (96,000 人分) (短期入所生活介護専用床)
施設系サービス	介護老人福祉施設 (特別養護老人ホーム)	344,000 人分 (314,192 人分) 〔87.2 %〕	365,000 人分	379,500 人分	360,000 人分
	介護老人保健施設	279,000 人分 (244,627 人分) 〔82.4 %〕	289,000 人分	296,000 人分	297,000 人分

生活支援系サービス	痴呆対応型共同生活介護 (痴呆性老人グループホーム)	2,100カ所 (1,273カ所) 〔39.8%〕	2,600カ所	3,100カ所	3,200カ所
	介護利用型軽費老人ホーム (ケアハウス)	95,900人分 (53,665人分) 〔51.1%〕	99,600人分	103,300人分	105,000人分
	生活支援ハウス (高齢者生活福祉センター)	1,430カ所 (－)	1,540カ所	1,650カ所	1,800カ所

(注) 1. 2001年度における( )の数値は実績。〔 〕内の数値は2004年度見込量に対する達成率。
2. 訪問介護については，2004年度見込量と平仄のとれたデータがないため空欄とした。
(出所) 厚生統計協会『国民の福祉の動向』2003年。

第6章

障害者をめぐる政策

1 バリアフリー政策の進展

『ビューティフル・ライフ』はバリアフリーで

◆「車いすドラマ」が描いた現実

「オレがおまえの『バリアフリー』になってやる」。二〇〇〇年の春に大ヒットしたテレビドラマ『ビューティフル・ライフ』のなかで、木村拓哉演じる有名美容室の美容師が、車いす使用者を演じる常盤貴子に告げた科白である。「バリアフリー」――階段や道路の段差など、身体障害者や高齢者にとっての障壁を生活空間から取り除くこと――という言葉は、一九七〇年代からいわれてはいたもののそれほど一般的ではなかったが、このドラマによって一気に身近な言葉として知られることになった。

公立図書館の司書として働いている杏子は、免疫不全（?）による難病のため、一七歳から歩行が不自由となり、以来車いすを使用している。酒屋を営む実家にはホームエレベーターをはじめとする設備が整っていて、家族の手助けは必要なものの、自分の身の回りのことはほとんど自分でできる。通勤には自分で運転する車を使い、図書館内は車いすで移動することに不自由はない。しかし恋人となった美容師の柊二と外出するとなると、いろいろな不便に直面する。さまざまな場所が、バリアフリーとなっていないからである。行ってみたい素敵なイタリアン・レストランにもコンサート会場にも、車いすは出入りできない。車いすのトイレも限られた場所にしかない。さらに設備といったハードの部分だけではなしに、バリアはさまざまな局面に存在する。車いす使用者である障害者と「健常者」の美容師とでは、将来結婚することはできないと思われがちである。それぞれの気持ちもすれ違ったり、わかりあえないことも多い。ドラマのなかの二人は、そのようなバリアを一つずつ乗り越えながら将来の夢へ向かって進んでいく。

最近、地下鉄などあちこちの駅で、「エレベーター設置工事中」という表示を目にすることが多い。国土交通省が補助事業を始めるなど、バリアフリー化を進める動きが活発化したからである。東京の営団地下鉄では、全部で一六八ある駅のうち、エレベーターは一〇五駅に（設置率六三％）、エスカレーターは一三七駅に（同八二％）設置した（二〇〇三年度末）。ＪＲ東日本では、エスカレーター、エレベーター、点字運賃表などの整備を進めているが、とくにエスカレーターをサービス向上の基本設備と位置づけて、交通バリアフリー法に基づいて、乗降人員五〇〇〇人以上の駅については二〇一〇年度までにすべてのホームに整備することにした。二〇〇〇年一一月に、いわゆる交通バリアフリー法が施行されたため、このような整備が進められたのである。

◇ブームとなった「障害者ドラマ」

『ビューティフル・ライフ』は大ヒットとなったが、いわゆる「障害者ドラマ」が高視聴率を稼いだのはこれがはじめてではない。一九九〇年代に入ると、障害者を主人公としたドラマがテレビのゴールデンタイムにしばしば登場し、高い視聴率を稼ぐようになったからである。ブームのはしりとなったのは、聴覚障害者を主人公にした『星の金貨』と『愛していると言ってくれ』で、どちらも一九九五年に放映されてヒットした。『星の金貨』は、酒井法子が演じる聴覚障害者が、結婚を約束しながらも事故によって記憶を喪失し、自分を愛したことをも忘れてしまった恋人をひたすら待ち続けるというストーリーである。事故によるケガ、失明といったあらゆる試練が彼女を襲うが、それにもメゲることなく恋を一途に貫き通すという、結構重厚長大なドラマであった。これに比べると『愛していると言ってくれ』は、豊川悦司が演じる聴覚障害者である画家と、彼に恋をする女優のタマゴで劇団員をしている常盤貴子との恋愛ドラマである。トレンディー・ドラマの旗手といわれた北川悦吏子による脚本なだけに、あくまでも恋愛をメイン・テーマとした「都会派ドラマ」である。どちらのドラマでもコミュニケーションの手段は手話で、ドラマが契機となって手話がブームとなった。事実、一〇年間の売上げが二万部というダイナミックセラーズ出版の『イラスト手話辞典』が、わずか一カ月半で八〇〇〇部売れ、ある手話講座には定員の一〇倍以上の申込みが殺到したという。一九八一年の国際障害者年に手話人口が増加し、手話ブームが到来したといわれたが、ドラマを契機としたこの手話ブームはそれ以上であったという。

一九九〇年代後半にも「障害者ドラマ」のブームは継続し、聴覚障害者ばかりではなく、知的障害者がドラマの主人公としてたびたび取り上げられるようになる（『オンリー・ユー愛されて』『ピュア』『聖者の行進』）。一九九〇年代以前にも障害をもつ人がテレビで取り上げられたり、ドラマにつくられたりしたことがなかったわけではないが、それらはノンフィクションや教育的意図が濃厚なドラマがほとんどで、ヒットやブームとは縁遠いものであった。ゴールデンタイムのドラマに、障害者が主人公として登場することはなかったといってよいだろう。今や「障害者ドラマ」は、人気ジャンルの一つとして確立したかのようである。このようなブームに対して、障害が正しく描かれていないといった批判もあるものの、少なくとも障害者を「見える存在」にしたという意味はあるのではないだろうか。

しかしそのような「障害者ドラマ」のブームのなかでも、車いす使用者を主人公とするドラマが描かれることはほとんどなかった。一説によると、目線の低い車いすをテレビで登場させるのは映像的に難しいといわれる。またそれ以上に、車いすで自由に外出できない社会環境では、「狭い範囲」しかドラマの舞台にできなかったという事情があったのだろう。そういうことを考えると、一九九〇年代の終わりになって、やっと車いす使用者を主人公とする『ビューティフル・ライフ』がつくられたということは、車いすが町に出られるような環境が整ってきたことを示しているといえるのかもしれない。

◆「バリアフリー政策」の進展

障害者問題への関心を高め、障害者施策が大きく前進した契機となったのは、一九八一年の国際障害者年と、それに続く「国連・障害者の一〇年」（一九八三〜一九九二年）であった。それまで施設中心であった障害者施策が地域を中心とした施策へと転換し、障害者団体をはじめマスコミもそのような新しい障害者施策の推進を支援した。障害のある人もない人も、地域でともに生活する状態こそが普通であり、障害のある人もまた家庭や地域において普通の生活を送ることができるようにすべきであるというノーマライゼーションの考え方が広まった。障害者施策は特定の人に対する限られたものから、一般的な施策として認識されるようになったのである。むろんその背景には、高齢化が進行することにより、暮らしやすさや生活の安全が、障害者問題を越えて広く一般の関心事になったことがある。

生活空間のバリアフリー化を地域で具体化させる「福祉のまちづくり」は、すでに一九七〇年代から取組みが始まり、仙台市、町田市、京都市で先駆的な取組みが行われてはいたものの、より活発化したのは一九九〇年代になってからである。一九九三年の大阪府による「福祉のまちづくり条例」の制定をはじめとして、全国の都道府県、市町村において「福祉のまちづくり」指針、要綱、条例制定の動きが活発化した。このような地方公共団体レベルでの取組みを促すため、厚生省と建設省が中心となって「福祉のまちづくり計画策定の手引き」が作成されたのが一九九六年三月。現在、ほぼ全都道府県において福祉のまちづくり条例が制定されている。

一九九〇年代に入ると、ノーマライゼーションの理念に基づいたバリアフリー化を実現する一連の政策がいっそう進展した。一九九三年には「障害者対策に関する新長期計画」と障害者基本法が制定され、一九九五年には政府の障害者施策推進本部において障害者プランが策定された。障害者プランとは、「障害者対策に関する新長期計画」の最終年次にあわせて、一九九六年度から二〇〇二年度までの七カ年に整備すべき具体的な数値目標を明記したものである。障害者プランは七つの視点から施策の推進を図るものとされているが、その視点の一つとはいうまでもなく「バリアフリー化を促進すること」である。各自治体が進めてきたバリアフリー化が、ここにきて社会全体が向かうべき明確な目標として示されたのである。

バリアフリー化を進めるために制定された二つの法を紹介しておこう。ハートビル法と、交通バリアフリー法である。ハートビル法（正式名称は「高齢者、身体障害者等が円滑に利用できる特定建築物の建築の促進に関する法律」）は一九九四年に制定された法であり、劇場、病院、百貨店等の不特定多数の者が利用する特定建築物の出入口、廊下、トイレ、駐車場等について、高齢者や障害者が円滑に利用できるよう、建築主に対する判断基準（努力義務）、都道府県知事による指導・支援のための措置などについて規定した法律である。交通バリアフリー法（正式名称は「高齢者、身体障害者等の公共交通機関を利用した移動の円滑化の促進に関する法律」）は、二〇〇〇年五月に制定され、一一月に施行された。鉄道の駅・バス・航空機などの設備について、具体的な整備目標を定めた法である。新設の駅の場合、利用者が一日五〇〇〇人以上であれば、ホーム転落防止設備の設置、ホームまで車いすで行けるようなエレベーターなどの設置が義務づけられている。エレベーター内の広さや、通路の幅などの細かい規定もある。都市部の新設駅では、車いすや視覚・聴覚などの障害者が快適に利用できるような設備づくりが義務化された。バスなども、車いすで乗れるような低床化などが決められた。ただ、すでにある駅などは「努力義務」である。

◆社会や心のバリアフリーをめざして

また、身体や精神の障害を理由として免許や業の許可を与えないなどとする障害者に関わる欠格条項という法令の見直しが始められたことを付け加えておく必要があるだろう。障害者が出歩くことを妨げる設備の不備だけではなく、障害者が資格取得し社会参加をすることを妨げるこのような制限もまた、大きなバリアだからである。障害者に関わる欠格条項のある制度は全体で六三制度あり、そのうち厚生労働省が所管する制度は、医師、歯科医師、薬剤師等の免許制度、薬事関係の業の許可制度など合わせて三〇制度である。障害者に関わる欠格条項については、一九九三年三月の「障害者対策に関する新長期計画」および一九九五年の障害者プランにおいて、見直しが検討されることになった。厚生省関係では一九九三年と一九九五年には、栄養士、調理師、製菓衛生師、診療放射線技師、理容師および美容師の各免許について、絶対的欠格を相対的欠格に改正した。今後いっそうの見直しを推進するため、一九九九年八月に障害者施策推進本部において、障害者に関わる欠格条項の見直しを推進する対処方針が決定された。この対処方針では、障害者が社会活動に参加することを不当に阻む要因とならないよう、対象とするすべての制度について二〇〇三年度までに見直す方針を打ち出した。現在、六三制度の見直しは、いくつかの条件を付けながら進められている。

『ビューティフル・ライフ』は、初回の視聴率が関東地区で三一・八%と、連続ドラマの初回視聴率としてはこの一〇年間で最高だったという。久々の大ヒットとなったドラマの結末は、ハッピー・エンドではなかった。物理的なバリアだけでなく、心理的・社会的なバリアも一つずつ乗り越えていった二人だったが、杏子の病気が悪化し、死んでしまう。死という結末で終わるのではなく、恋愛のあとに続く車いす使用者のその後の生活を描いてほしかったと思うのは私だけではあるまい。たとえば、結婚や子どもを産むことをどう選択し、乗り越えていくのだろうか……。

「都会派恋愛ドラマ」の達人といわれる脚本家の北川悦吏子が車いすに着目したのは、ベビーカーに乗った二歳の娘にはどんな世界が見えているのかと考えたからだという（『朝日新聞』「ひと」欄、二〇〇〇年二月一五日）。障害の原因となる病気がいま一つ理解できない等の難点はあるものの、初の車いすのトレンディー・ドラマが生まれた背景には、女性である生活者の経験が生かされていたのである。ドラマの送り手にもっと女性が参加することが、新しいドラマを生み出すことになるのだろう。

2　障害者と雇用──コミックが描く中途障害女性の職探し

◆厳しい雇用環境

二〇〇二年五月に、「障害者の雇用の促進等に関する法律」の一部が改正、施行された。近年の不況の影響もあり、障害者の厳しい雇用環境に対応するためにいくつかの新しい施策が行われることになった。障害者が抱える社会的な問題はさまざまであるが、雇用問題はそのうちでも重要な問題の一つである。（広義の）働くことが、障害をもって「自立」した生活を送ることへとつながるからである。障害者の雇用政策は、教育や住宅政策などの関連する領域も含めて、より積極的に推進されなければならない課題である。

従来より障害者の雇用については「障害者の雇用の促進等に関する法律」に基づき、事業主は、身体障害者または知的障害者が雇用者に占める割合が法定雇用率相当数以上になるように義務づけられている。法定雇用率を達成できない事業主には、職業安定所所長から雇入れ計画の作成や実施が命じられ、それでも改善が認められない場合、企業名を公表することとされている。法定雇用率は、一般の民間企業（身体障害者・知的障害者の雇用義務のある五六人以上規模の企業）が一・八％、一定の特殊法人（同じく雇用義務のある四八人以上規模の法人）が二・一％、国および地方公共団体が二・一％、一定の教育委員会が二・〇％である。また事業主間の負担の調整を図るために、法定雇用率未達成の事業主から納付金を徴収し（不足数一人につき月額五万円）、一定水準を超えて雇用している事業主に対して、障害者雇用調整金、報奨金を支給している。また施設や設備の改善を行って障害者を雇い入れる事業主に対して各種の助成金を支給している。

それにもかかわらず、法定雇用率を達成している事業主は多くはない。達成率は、一般の民間企業では五七・五％、一定の特殊法人では四〇・三％、国および地方公共団体と一定の教育委員会の未達成率は明らかにされてはいないが、実雇用率は前者が二・三五％、後者が一・二三％である（二〇〇三年）。つまり官公庁以外では、全体の約半数の事業所が法定雇用率に達していない。同法の改正の背景には、障害者が直面するこのような厳しい雇用環境の現実がある。

◇**進歩した障害者雇用促進法**

障害者雇用施策の始まりは、一九六〇年に制定された身体障害者雇用促進法である。全雇用者に占める障害者の割合を定めた雇用率を導入したことが特色である。当初は努力義務であり、対象は身体障害者だけであったが、その後の改正により法の強制力も強まり、対象となる障害者の範囲も拡大した。一九七六年の改正で努力義務が法定義務となり、また雇用率未達成の事業所には雇用納付金の納付義務が課せられ、雇用を積極的に進める事業所に対する各種助成金制度が開始された。一九八七年の改正により、知的障害者、精神障害者も法の対象に加えられ、法の名称が「障害者の雇用の促進等に関する法律」となった。一九九八年の法改正により、知的障害者にも法定雇用率が適用され、身体障害者と合わせた法定雇用率が一・八％となったが、精神障害者については法定雇用率は適用されず、助成対象に留まっている。このように進歩してきた同法であるが、二〇〇二年の改正では、新しい支援策、雇用を促す制度が取り入れられた。

新たな支援策の一つは「障害者就業・生活支援センター」事業の創設である。地域における就労支援センターである「障害者雇用支援センター」には、一九九八年より通勤寮や障害者能力開発施設などに併設する「あっせん型雇用支援センター」を設置することが可能になったが、その「あっせん型雇用支援センター」が移行したものである。従来は職業準備訓練のあっせんが中心だったが、二〇〇二年の法改正により、障害者の生活支援事業と一体化した。具体的には、センター併設の寮に入り、職場実習をしながら就職先を見つけるという、生活と就業の両面から障害者を支える事業である。当初の二一カ所から三六カ所に増えた。厚生労働省は、二〇〇四年度までに「障害者就業・生活支援センター」を全都道府県に整備する予定であるという。

もう一つの新たな支援策は、ジョブコーチ（職場適応援助者）の派遣制度である。障害者がいる職場へ、障害者と事業主に対してきめ細かな支援を行うジョブコーチを派遣する。たとえば、聴覚障害者が職場に適応できるように、仕事を覚えるまでの一定期間、手話のできるジョブコーチを派遣する。アメリカの制度を参考に行われた職域開発援助事業を発展させたもので、各都道府県に一カ所ずつ設けられている地域障害者職業センターで行う。雇用保険で運用される派遣制度で、会社側の負担はない。制度開始後、二〇〇二年一二月までの約半年間で、一五三〇人が支援を受けた。

もう一つの改正点は、雇用の拡大を促す制度の改正である。特例子会社（障害者雇用に配慮した子会社、公共職業安定所長の認定を受けたもの）の認定基準を緩和すること、特定子会社をもつ親会社は他の子会社を含む企業グループ全体で雇用率算定ができるようになること、障害者の就業が困難とされる業種に設けられていた雇用義務の軽減割合を廃止に向けて縮小すること、精神障害者については雇用義務の対象になっていないものの職場適応訓練や一般の職業能力開発校における訓練の対象としたこと、各種助成金の支給対象にしたこと等、障害者の雇用の拡大を促す改正を行った。

◇コミックが描く障害者の就職問題

青山くみこ『歩いていこう』は、車いすを使用する中途障害者の女性が、仕事をもって新しい生き方を始めるまでを描いたコミックである。同じ会社に勤める柊一と二カ月後に結婚式を挙げる予定であった春奈は交通事故に遭う。重傷を負った春奈は一命を取り留めるが、彼女が受けたケガは頸椎損傷――頸の骨を傷めていて、二度と歩くことができないと診断された。生きる望みを失い、ヤケになってリハビリも放棄する春奈だったが、柊一や同室の同病の人たちに励まされて、徐々に生きる力を取り戻していく。柊一は、退院したら延期していた結婚式を挙げ、ずっと一緒に歩いていこうと春奈に言う。

数々の困難を乗り越えて二年遅れで結婚した春奈は、車いす用に改装された柊一の両親の家で同居を始めた。手動式に改造された車の免許も取り、活動の範囲も広まった。同病の後輩に家の改築についてのアドバイスをしてあげることもある。そんな生活のなかで春奈は、自分の経験と知識を生かせる仕事――住宅改造のアドバイザーのような仕事をしたいと考える。

はじめは反対していた柊一や義父母の賛成を得た春奈は、まず最初のステップとして、職業訓練を受ける。重度身体障害者更生援護施設へ入所して基礎的な訓練を受け、その後、同施設に併設される職業リハビリテーション・センターでの専門的な訓練を受ける。職業リハビリテーション・センターでの訓練は、一人ひとりの状況に応じたリハビリ計画がたてられるが、ほぼ一年にわたる入所訓練である。退所時までに就職が決まらなかった春奈は、退所後は就職活動に励む。ハローワーク（公共職業安定所）に行き、求職申込書に記入して求人ファイルに目を通す。車いす使用者の就職には、事業所に車いす用の設備があることが最低条件となるが、そうした条件を満たしているのは限られた企業

（出所） 青山くみこ『歩いていこう』第1巻，講談社，1995年。

しかない。また春奈が希望するのは建築業界だけなので、これまた限られた条件となり、なかなか就職は決まらない。

身体障害者に対する福祉サービスの実施主体は市町村である。市町村は、身体障害者の診査・更生相談を行い、具体的には医療または保健指導を必要とする者は医療保健施設に紹介し、就職・技能習得を必要とする者は公共職業安定所または各種の職業訓練所に紹介し、身体障害者更生援護施設への入所またはその利用を必要とする者は適切な施設に入所もしくはそれを利用させ、その他更生に必要な種々の事項について指導する。その際の中心的な役割を担うのが、身体障害者更生相談所である。身体障害者福祉法により都道府県（指定都市）に設置される専門機関である身体障害者更生相談所の業務としては、①身体障害者に関する専門的知識および技術を要する相談指導、②医学的・心理的・職能的判定ならびに補装具の処方および適合判定、③更生援護施設の利用に関わる市町村相互間の連絡調整、市町村への情報提供等、である。現在、全国に七一カ所の身体障害者更生相談所がある（二〇〇三年四月）。

障害者の雇用を援助する主な機関としては、①公共職業安定所があげられる。同所には専門的な担当者として、障害者就職指導官や雇用指導官がおかれ、障害をもつ求職者の相談指導が行われる。さらに都道府県の中核的な職業安定所は障害者重点公共職業安定所として指定され、身体障害者担当、知的障害者担当の相談員も配置されている。②障害者職業センターは、「障害者の雇用の促進等に関する法律」に基づいて設置された、障害者の職業生活における自立を促進する施設である。障害者職業総合センター、広域障害者職業センター、地域障害者職業センターの三つがある。都道府県に設けられた地域障害者職業センターでは、公共職業安定所と連携して、主として中・重度の障害者の職業評価や職業指導、職業準備訓練を行う。また事業所と連携して職域開発援助事業を実施する。さらに市町村レベルで重度者の雇用を進めるために「障害者雇用支援センター」が設置された。一九九八年より、通勤寮や障害者能力開発施設などの併設型施設として「あっせん型雇用支援センター」が設置された。養護学校在校生の自活生活を支援したり実習生として受け入れるなど、縦割り行政の弊害を取り除く施策として展開されている。③その他、雇用に関連する福祉サービスとしては、身体障害者の更生に必要な機能訓練や職能訓練をする入所施設である身体者障害者更生施設（肢体不自由者更生施設、視覚障害者更生施設……等、障害別による更生施設がある）、雇用されることが難しい身体障害者に職業を与えるとともに訓練を行う身体障害者授産施設、授産施設の一形態である身体障害者福祉工場、小規模作業所等がある。

◇雇用されにくい障害者への援助

障害者の就労とは、雇用就労だけをさすのではない。一般の事業所には雇用されにくい障害者が、何らかの「保護つき」で仕事に就くこともまた、「自立生活」なのである。一般の雇用就労とわかりやすく区別するために、それらの「保護つき」就労をここでは援護就労とまとめることにする。

援護就労には、障害者を支援しながら事業所で働いてもらう支援就労と、障害者施設で作業などの労働を行う援護就労とに分けられる。支援就労には、知的障害者の職親制度、精神障害者社会復帰適応訓練（通院患者リハビリテーション事業）がある。援護就労には、身体・知的・精神障害者それぞれに対する授産施設と小規模作業所がある。各授産施設は、雇用されることが難しい障害者に職業を与えるとともに訓練を行う施設である。身体障害者授産施設の一形態として身体障害者福祉工場があるが、これは作業能力はあっても、工場の設備、構造等に特別な配慮を必要としたり、健康管理に不安があって一般企業に雇用されることの困難な車いす障害者等に職場を与え、社会生活を営ませることを目的とするものであり、授産施設に比べて生産能力が高く、企業的性格を有する。援護就労は、雇用就労の対象になりにくい重度の障害者や雇用機会の少ない障害者に対する施策である。収入が一般に低賃金であるけれども、障害者にとって働く場を提供するという、重要な役割を果たしている。

このような援護就労の難しさは、労働行政と厚生行政の二つにまたがっているということにあった。たとえば、授産施設や小規模作業所から一般の雇用就労へ移行する際、障害者の生活ニーズに合わせた移行支援ができないという問題があった。「障害者雇用支援センター」が「あっせん型雇用支援センター」を設置することによって、厚生行政による施策と労働行政による施策の相互乗入れ的な取組みを始めたのはその弊害を取り除く試みであった。さらに二〇〇二年の改革にある「障害者就業・生活支援センター」事業の創設により、就労支援と生活支援がよりスムーズに行えることが期待されている。また、一般雇用においても援護就労においても、精神障害者に対する取組みが一段と遅れていることを指摘しておかねばならない。

春奈の就職は、障害者のための就職相談会が契機となって決まった。一〇〇社ほどの企業が一堂に会するこのような相談会は県主催で年に二回ほど開催され、障害者が雇用される機会を提供している。障害者用の住宅を扱っている本命の会社の人事担当者に希望を伝え、その後の二次面接を受け、やっと春奈の就職が決まった。インテリア・アドバイザーという正式な職はないので、事務職としてそうした仕事も覚えていく、という仕事ではあるが。改造した車を春奈が自分で運転して初出勤するシーンでこのコミックは終わっている。

3 障害者支援費制度の実施

◇障害者支援費制度の導入

障害者問題もまた、近年の社会福祉政策の焦点である。高齢社会が進行するということは、多くの障害者を抱える社会になることであり、中・長期的な観点から障害者福祉を見直す必要に迫られたからである。二〇〇〇年五月に成立した社会福祉基礎構造改革を推進する社会福祉法は、障害者福祉のサービスについて、サービス利用者が自らの意志と責任において利用したいサービスを選択し、その利用について市町村から利用者に対して支援費を支給する制度を導入した。その障害者支援費制度が二〇〇三年四月から実施された。

従来の措置による障害者福祉の制度だと、障害者が福祉サービスを利用するにあたって、まず措置権者に対して申請を行い、措置権者は申請に基づいてサービス提供の資格を審査する。資格審査は障害者手帳の有無、等級等によって審査される。その結果、サービス利用が可能であると判断された場合、措置権者は受託事業者に対してサービスの提供をするよう指示し、措置費を受託事業者に対して支払う。ここでは、障害者と受託事業者との直接的な契約関係がないために、障害者にはサービス提供者やサービス内容の選択権がない。

これに対して支援費制度では、利用者（障害者）が指定事業者に対して申し込み、契約が成立した段階でサービスが提供される。この場合行政は、指定事業者が福祉サービスを提供するのにふさわしいかどうかをチェックし、事業者としての指定を行う役割を担う。また、利用者と指定事業者との間で契約が成立したあとで、指定事業者に利用料の補助（支援費）を行う。この制度では、利用者が指定事業者やそのサービス内容を選択することができる。ただ介護保険と異なり、財源は保険ではなく全額税であり、従来どおりに国や自治体の障害者福祉サービス予算から支出される。四分の一を負担する市町村が予算を決め、それに合わせて都道府県が四分の一、国が二分の一を支出する。障害者の自己負担は所得によって決められる。

制度の具体的な手順としては、①利用者（障害者）が、利用するサービスの種類ごとに市町村に支援費支給申請を行う、②市町村は障害者からの聞取りによって「勘案事項整理票」を作成し、支援費支給の必要性を決定する、③支給する場合は受給証を公布する、④利用者の所得などによって自己負担額を決定する、⑤利用者は、都道府県の指定事業者と契約してサービスを利用する、⑥契約成立に基づいて、市町村は指定事業者に対して支援費を支給する、の六段階になる。

◇ 利用者擁護の仕組み

支援費制度がめざすのは、利用者の自己選択・自己決定を尊重し、利用者本位のサービスを提供することである。しかし支援費支給方式の利用者は、「要支援者」であり、契約を自ら適切に締結する判断能力を喪失していたり、低下している利用者が少なくない。ゆえに支援費支給方式の導入にあたっては、サービス提供者側の契約の履行を監視して、利用者の権利擁護の役割を担う保護機関が必要となる。社会福祉法は利用者の権利擁護について規定しているが、ここでは利用者の権利擁護の主たる柱である、①地域福祉権利擁護制度、②苦情解決の仕組み、を中心にみてみよう。

①地域福祉権利擁護制度とは、痴呆性高齢者、知的障害者、精神障害者等、判断能力が不十分な人々が、地域において自立した生活を送れるよう、福祉サービスの利用や日常的な金銭管理に関する援助を行う制度である。社会福祉協議会を中心に一九九九年一〇月から開始され、二〇〇〇年六月に成立した社会福祉法に位置づけられた。具体的には、社会福祉協議会等と利用者との間で契約を締結し、利用者本人の意志や希望を踏まえて作成した「支援計画」に基づき、社会福祉協議会等が派遣する生活支援員が情報提供や助言を行い、申込み手続の代行、当該サービスの利用料の支払いの代行等を行う。この事業の実施にあたっては、本人等の意向を尊重し契約内容を決定することになっており、

契約締結に関しては、利用者の判断能力等の確認を行うための契約締結審査会や、事業の適正な運営のための監督を行う第三者機関である運営適正化委員会を設置することになっている。

②福祉サービスに関する苦情解決は、社会福祉事業の経営者の努力義務であることが、社会福祉法において明確に定められた。社会福祉事業の経営者は利用者からの苦情の適切な解決に努めなければならず、また都道府県社会福祉協議会に公正・中立な機関として運営適正化委員会を置き、苦情解決のあっせんや都道府県知事への通知等を行うこととした。また、個々の事業者が事業運営における具体的な問題点を把握し、サービスの質の向上に結びつけ、利用者の適切なサービス選択に資するために、事業者の提供するサービスの質を当事者（事業者および利用者）以外の公正・中立な第三者評価機関が評価する第三者評価事業が推進されることになっている。

◇支援費制度導入までの経緯

一九九〇年代に入って障害者福祉の分野では、中・長期的な総合的な政策が立てられるようになった。一九九三年には「障害者対策に関する新長期計画」と、一九七〇年に議員立法として成立した心身障害者基本法を改正した障害者基本法が制定された。障害者基本法によって精神障害者も、身体障害者や精神薄弱者（知的障害者）と並んで基本法の対象として位置づけられた。一九九四年には障害の種別を越えた横断的・総合的なサービス提供体制の整備に対応するため、厚生省が障害者保健福祉推進本部を設置した。同本部は一九九五年に中間報告をとりまとめ、そのなかで、障害者保健福祉分野において具体的目標を明示した新たなプランを策定すること、そのプランに基づいて市町村などによる介護等のサービス供給体制を整備する必要があることを述べている。このような状況下で、「障害者対策に関する新長期計画」を具体的に推進していくために、一九九五年一二月に政府の障害者施策推進本部において障害者プランが決定された。

障害者プランは、二〇〇二年度までに整備すべき具体的な数値目標を明記しているが、その策定の意義は、①一九九五年度から実施されている高齢者施策としての新ゴールドプラン、児童家庭対策としてのエンゼルプランとともに、障害者プランの策定により、保健福祉施策における主要な施策のいずれにも具体的な目標が掲げられ、保健福祉施策全般の計画的な推進が可能になること、②グループホーム・福祉ホームの整備、ホームヘルパーの増員等、障害者の生活を支える基幹的事業について具体的な施策目標が示されること、③政府の関係一九省庁からなる障害者施策推進本部で決定されたプランであるから、住宅、教育、雇用、通信、放送など、障害施策全般に関係するものであること、があげられる。

介護保険の導入をめぐっての議論が行われていたとき、障害者福祉の分野では介護保険をめぐって二つの異なる意見があった。一つは、障害者も含めた介護保険として成立すべきだという意見であり、他方は、障害者を介護保険に組み込むべきではないという意見である。

とくに反対論は、障害者が介護保険に組み込まれるとこれまでのサービスが切り下げられるという危機感をもって、障害者を介護保険とは別枠で扱うことを主張した。その議論の結果が、一九九六年に身体障害者福祉審議会が厚生大臣に提出した「介護保険制度の創設に対して」という意見具申であった。そのなかで、障害者の介護については引き続き公費負担によって行い、障害者福祉サービスの提供については障害者プランなどによってサービス提供体制の整備を行うことが望ましい、との方針を打ち出した。その方針に基づいて、一九九七年に介護保険法が成立した際には、若年障害者のサービスが高齢者への介護保険給付と比べて劣ることのないように、国・市町村に求める付帯決議が採択されたのだった。

しかし介護保険の導入により、若年の障害者以外の障害者は、介護保険の影響を受けざるをえなくなった。介護保険の仕組みとは、四〇歳以上のすべての人を被保険者とし保険料を徴収するが、介護保険給付を受けられるのは六五歳以上の人だけであり、四〇歳から六四歳までの被保険者に関しては、加齢による心身の変化に起因する疾病（一五種類の「特定疾病」）により生じた障害により要支援・要介護状態になったときだけ対象となる。つまり、それまで障害者福祉サービスを利用していた六五歳以上の障害者と、保険給付の対象となる「特定疾病」のある四〇歳以上六四歳までの障害者は、介護保険の対象になる。介護保険が成立したあともしばらくは、介護保険によって提供されるサービスと、障害者福祉によって提供されるサービスの線引きが明確でなかったため、実施に向けての混乱が生じた。このため厚生省は、二〇〇〇年三月に「介護保険制度と障害者施策との適用関係等について」という通知を出して混乱の収拾を図った。基本的には介護保険制度を優先し、必要とするサービスが介護保険にない等の場合には障害者福祉サービスを提供するという内容である。

障害者は介護保険に統合されないことが決定されたが、介護保険の導入と社会福祉基礎構造改革の動向を踏まえ、障害者福祉施策全般について総合的な見直しが必要になったために、障害者関係三審議会などにおいて一九九九年一月に、「今後の障害者保健福祉施策のあり方について」の意見具申が取りまとめられた。この意見具申を踏まえた身体障害者福祉法、知的障害者福祉法および児童福祉法の改正が、「社会福祉の増進のための社会福祉事業等の一部を改正する法律」(いわゆる社会福祉法)として、二〇〇〇年六月に可決、成立した。身体障害者福祉法、知的障害者福祉法および児童福祉法には、①措置制度から利用制度(支援費制度)への変更、②知的障害者および障害児福祉に関する事務の市町村への委譲、③身体障害者生活訓練等事業、知的障害者デイサービス事業など障害者の地域生活を支援するための事業の法定化など、福祉サービス供給に大幅な変更をもたらす改正が盛り込まれた。

二〇〇二年一二月、支援費制度の施行を視野に入れた、新しい「障害者基本計画」(計画期間は二〇〇三年度から一〇年間)が閣議決定され、同日、「重点施策実施五カ年計画」(新障害者プラン)が決定された。新しい「障害者基本計画」は、リハビリテーションとノーマライゼーションの理念のもと、障害のあるなしにかかわらず国民誰もが相互に人格と個性を尊重し支え合う「共生社会」の実現をめざし、生活支援、保健、医療など八つの分野について施策の基本的方向を定めている。新障害者プランは、「障害者基本計画」に掲げた「共生社会」の実現に向けて、二〇〇三年度から二〇〇七年度までの五年間に重点的に実施する施策とその具体的な達成目標を明らかにしている。

◇支援費制度の課題

支援費制度が導入されてからまだ日が浅いので、実施の実態の報告や、実施状況の調査はいまだ明らかにされていない。ここでは、実施前から懸念されていたことを整理してまとめておくことにする。

一つは、市町村によってサービスのばらつきが出るということ。障害者福祉サービスの予算は市町村の予算が事実上の利用限度となるが、市町村によって計上する予算は大きく異なる。支給決定は市町村の判断に任されていて、市町村の規模などによって格差が生まれるかもしれない。二つ目は、提供できる介護の量が増えないことが懸念されること。障害者介助は高齢者介護より求められるサービスの幅が広く技術的に難しいこともあり、介護事業者の新規参入が少ない。障害者のホームヘルプ・サービスを行うために指定を申請した居宅介護事業者の数は、支援費制度実施直前の二〇〇三年一月時点で約四一五〇。厚生労働省は二〇〇二年末から参入要件を緩和したが、見込みを下回っている状況である。厚生労働省が示した国庫補助金の「上限」問題も不安材料である。全身性障害者の場合、月一二五時間（一日約四時間）を補助金分配基準とするというもので、国は上限ではないと説明したが、一二五時間を超える分は都道府県や市町村が全額負担することになるかもしれない。

これらのことによって、利用者がサービスを選択できるといっても、地域によっては選択できるサービスが少ないかもしれない。サービスの量と質が十分でなければ、選択できることに意味はないだろう。支援費制度の実施の実態をよく見守りたい。

資料6－1　重点施策実施5カ年計画（新障害者プラン）の概要

(1)　活動し参加する力の向上のための施策
①　障害の原因となる疾病の予防および治療・医学的リハビリテーション
②　福祉用具等の研究開発とユニバーサル・デザイン化の促進
③　情報バリアフリー化の推進
④　欠格条項見直しに伴う環境整備

(2)　地域基盤の整備
①　生活支援……利用者本位の相談支援体制の充実，在宅サービスや施設サービスの整備
②　生活環境……ユニバーサル・デザインによるまちづくり，住宅，建築物や交通機関のバリアフリー等

(3)　精神障害者施設の充実
条件が整えば退院可能とされる約7万2000人の入院患者について，10年のうちに退院・社会復帰をめざす。このため，今後，さらに総合的な推進方策を検討する。
①　保健・医療……精神科救急医療システムを全都道府県に整備，うつ病，思春期対策等
②　福祉……在宅サービスや施設サービスの整備

(4)　アジア太平洋地域における域内協力の強化
①　政府開発援助における障害者に対する配慮
②　国際機関を通じた協力の推進

(5)　啓発・広報
①　共生社会に関する国民理解の向上
②　関係機関・団体との連携による公共サービス事業者に対する障害者理解の促進

(6)　教育・育成
①　一貫した相談支援体制の整備…地域での一貫した相談支援体制，学習障害や注意欠陥/多動性障害等の児童•生徒への教育支援等
②　専門機関の機能の充実と多様化…盲・聾・養護学校のセンター化等
③　指導力の向上と研究の推進
④　施設のバリアフリー化の推進…小・中学校等の施設のバリアフリー化

(7)　雇用・就業の確保
トライアル雇用，職場適応援助者（ジョブコーチ），各種助成金の活用などにより，2007年度までにハローワークの年間障害者就職件数を3万人に，2008年度障害者雇用実態調査で60万人にすることをめざす。

（出所）　厚生労働省社会・援護局障害保健福祉部。

資料6－2　重点施設実施5カ年計画（新障害者プラン）の主な数値目標

(1)在宅サービスの充実

区　分	2002年度(障害者プラン目標)	2007年度(新障害者プラン目標)
訪問介護員（ホームヘルパー）	45,000人	約60,000人
短期入所生活介護（ショートステイ）	4,500人分	約5,600人分
日帰り介護施設(デイサービス・センター)	1,000カ所	約1,600カ所
障害児通園(デイサービス)事業	1,300カ所	約11,000人分
重症心身障害児（者）通園事業		約280カ所
精神障害者地域生活支援センター	概ね人口30万人当たり概ね各2カ所	約470カ所

(2)　住まいや活動の場等の確保

区　分	2002年度(障害者プラン目標)	2007年度(新障害者プラン目標)
地域生活援助事業(グループホーム)	20,000人分	約30,400人分
福祉ホーム		約5,200人分
通所授産施設	62,800人分	約73,700人分
精神障害者生活訓練施設（援護寮）	6,000人分	約6,700人分

（出所）　厚生労働省社会・援護局障害保健福祉部。

資料6－3　措置制度と契約制度

(1)　措置制度の概念図

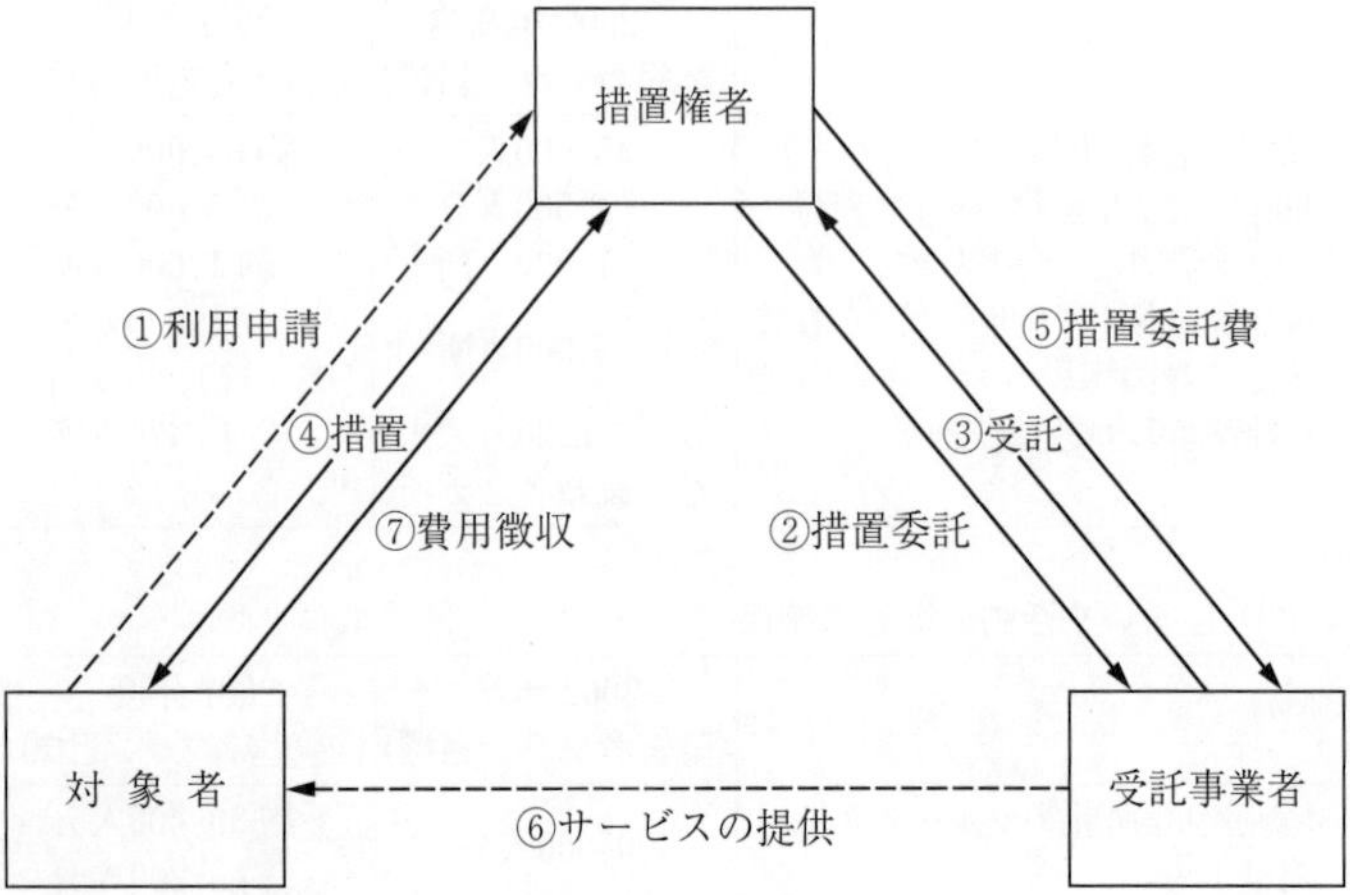

（出所）　厚生省『平成 11 年版 厚生白書』1999 年。

(2)　契約制度の概念図

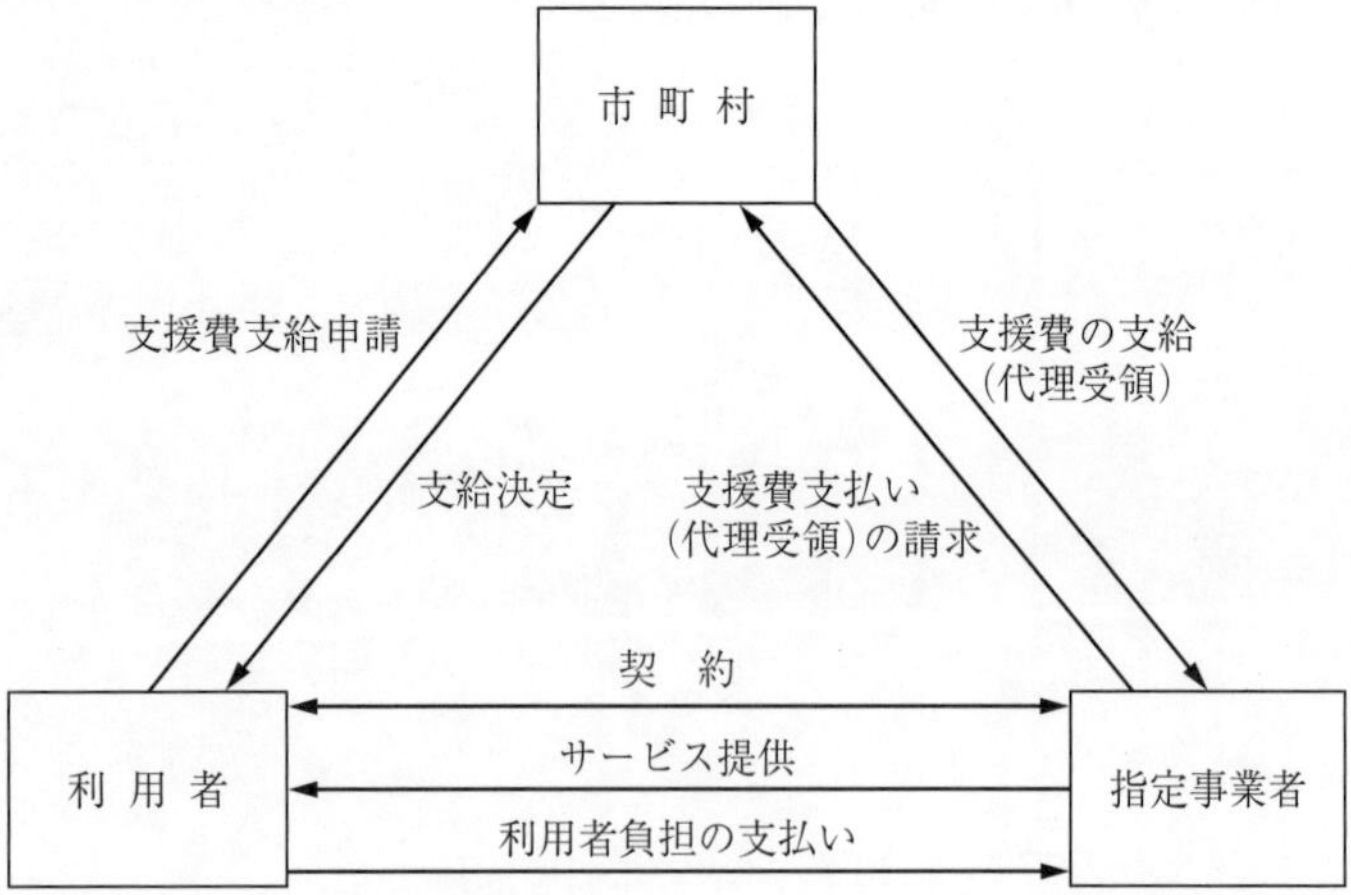

（出所）　厚生省『平成 12 年版 厚生白書』2000 年。

第7章

社会福祉の仕事・教育

1 福祉労働に従事する人々

ソーシャルワーカーと呼ばれる人々

◇ 増加する福祉労働

近年の社会福祉施策の拡充にともなって、社会福祉の仕事に従事する人は年々増加し、二〇〇一年で約一四二万人に及んでいる（厚生統計協会『国民の福祉の動向 二〇〇三年』）。この数字は二〇〇〇年が約一三八万人、一九九六年が約一〇〇万人であったので、年ごとに急速に増加し続けていることがわかる。一四二万人の内訳は、社会福祉施設職員が約一〇六万人、ホームヘルパーが二三万人、その他（社会福祉行政機関・社会福祉協議会の職員）が一二万人と、なかでも社会福祉施設の従事者が最も多く、全体の約七五％を占めている。

しかし、福祉労働に従事する人々がすべて一四二万人のうちに含まれているわけではない。二〇〇〇年四月からの介護保険の施行にともなって急増した、介護サービスを提供する民間企業や地域グループは含まれてはいない。新しくつくられたケアマネジャーという仕事も含まれてはいない。また福祉労働の範疇をある種のボランティアまで広げれば、福祉労働の従事者数はさらに多くなるだろう。

ボランティアまで範疇を広げないにしても、介護保険が施行されたことにより、どのくらいの人が新たに福祉労働に参入したのだろうか。介護保険制度においては、ホームヘルプ等の居宅サービスを提供する事業者を都道府県知事が指定し、指定を受けた事業者の提供するサービスが保険給付の対象とされる。民間企業だけでなく、特定非営利活動法人（NPO法人）や農業協同組合、生活共同組合といった地域密着型の担い手も参入した。二〇〇三年四月時点で、居宅サービス事業の指定を受けた事業者数は三一万二九五九件、居宅介護支援事業の指定を受けた事業者数は二万四九三一件である（厚生統計協会『国民の福祉の動向 二〇〇三年』）。

これら指定を受けた事業に従事する人々の数は明らかにされてはいないが、介護保険の施行以降、新たな福祉従事者が大量に増加したことは確かである。また、介護保険のもとでケアマネジャーという新たな専門職が創設されたが、過去五回の試験における合格者の総計は約二六万人。つまり、実際には（少なく見積もっても）二〇〇万人を大きく超える人々が社会福祉の仕事に従事しているわけである。

◇ソーシャルワーカーと呼ばれる専門職の仕事

このように多くの人が従事している福祉の仕事とは、多岐にわたっている。従事する人々の職種も職名もさまざまである。国や職能団体による資格をもっているものもあれば、とくに決められていないものもある。またこれらの仕事の職場は、公的機関、民間機関、非営利団体と多様である。このような多様な福祉の仕事をあえて分類すると、次のようになる。

①　社会福祉施設の職員（施設長、生活指導員、児童指導員、児童自立支援専門員、寮母、保育士、児童生活支援員、職業指導員、心理判定員、職能判定員、理学療法士、作業療法士、医師、保健師、看護

師等）

② ホームヘルパー

③ 福祉事務所の職員（所長、査察指導員、身体障害者福祉司、知的障害者福祉司、老人福祉指導主事、家庭児童福祉主事、現業員、面接相談員、家庭相談員等）

④ 児童相談所、身体障害者更生相談所、婦人相談所、知的障害者更生相談所の職員（所長、児童福祉司、相談員、心理判定員、職能判定員、児童指導員、保育士、ケースワーカー等）

⑤ 各種相談員（身体障害者相談員、婦人相談員、知的障害者相談員、母子相談員等）

⑥ 社会福祉協議会の職員

また、これらの仕事を内容別に大別すると、㈠政策立案や計画策定といった行政やマネジメントに関わる仕事、㈡問題を抱える当事者や家族への個別的な相談や情報提供を行う仕事、㈢生活支援や自立のための直接的な介護やケアを行う仕事、と分けることができるだろう。

ここでは、㈡問題を抱える当事者や家族への個別的な相談や情報提供を行う仕事、に従事する人たちを取り上げよう。ソーシャルワーカーと呼ばれる社会福祉の中心的・典型的な専門職である。ケースワーカーと呼ばれることもあるが、あえて区別をつければ、ケースワーカーとは問題を抱えた人と直接面接し、相談援助に関わる福祉事務所の相談員（公務員）をさすことが多く、ソーシャルワーカーとはもっと一般的に、社会福祉に従事する専門家という意味として使われることが多い。「社会福祉の専門的知識を用いて、生活上の困難を抱える人の援助にあたる専門職」と規定できるだろう。具体的な職名としては、各種相談員、生活指導員等の名称で呼ばれることもある。

ソーシャルワーカーが働く職場も多様であり、（一般的な）ソーシャルワーカー以外にもその職域によって、医療ソーシャルワーカー（ＭＳＷ）、精神科ソーシャルワーカー（ＰＳＷ）、スクール・ソーシャルワーカーと呼ばれる。公務員として働くソーシャルワーカーは、おもに福祉事務所、児童相談所、身体障害者更生相談所、知的障害者更生相談所、婦人相談所などで相談援助業務にあたる。医療ソーシャルワーカーは、病院や保健所などの保健・医療機関で患者やその家族が抱える問題について専門的な知識・技術を用いて相談・援助を行う。どの病院にも必ず常勤しているわけではなく、一般的には公立病院、大規模病院の医療相談室などの部署に配属されていることが多い。精神科ソーシャルワーカーは、精神科病院や精神保健センターなどにおいて、精神障害者やその家族が抱える問題について相談・援助を行う。

◇社会福祉の専門職化の進展

ソーシャルワーカーに代表されるような社会福祉の専門職化が進んだのは、社会福祉士や精神保健福祉士が国家資格化したことと無関係ではない。

高齢社会の進展とともに、中・長期的観点からの社会福祉の人材の確保が必要であることが議論されるようになったのは一九八〇年代に入ってから。このような議論は、一九八六年一月より中央社会福祉審議会、中央児童福祉審議会および身体障害者福祉審議会の企画分科会または企画部会から構成された「合同企画分科会」によって行われ、高齢社会の進展に関連してそれを担う人材の確保が重要な課題として登場した。同分科会の第一一回会議（一九八七年三月）において「福祉関係者の資格制度について」の意見具申が行われ、福祉関係専門職の国家資格の制定が準備されることとなった。この意見具申には、資格制度の法制化が必要とされる理由が三点あげられている。それらは、①日本において、高齢化と福祉ニードへの専門的な対応が必要になったこと、②国際的な観点からみて、日本が他の先進諸国と比べて福祉専門職の養成に立ち後れているため資格制度の確立が望まれること、③シルバーサービスの動向からも資格制度が必要とされる、ということであった。

つまり、来るべき超高齢社会に対応するサービスを提供するためには福祉の人材の確保および資質の向上が必要であること、とくに専門的知識と技術をもって相談・指導にあたる人材（社会福祉士）や、高齢者への介護サービスを行う介護の専門職（介護福祉士）の確保が急務であること、そのための資格制度を西欧先進国に先んじて確立することが望まれたのである。また、高齢化に対応する多様なサービスが行われるためには民間の役割がいっそう重視されるが、そのような民間のシルバーサービスにおけるサービスの質を維持し、サービスの社会的責務の認識を強く保持するためにも資格制度の創設が必要であるとされた。このような理由と動機を背景にして、日本初の、かつ世界でも例をみない国家資格制度である社会福祉士及び介護福祉士法が一九八七年五月に公布され、一九八八年四月に施行された。

社会福祉士とは、登録を受け、社会福祉士の名称を用いて、専門的知識および技術をもって、身体上もしくは精神上の障害があること、または環境上の理由により日常生活を営むのに支障がある者の福祉に関する相談に応じ、助言・指導その他の援助を行うことを業とする者をいう。社会福祉士の資格は、社会福祉士試験に合格した者に与えられる。介護福祉士とは、登録を受け、介護福祉士の名称を用いて、専門的知識および技術をもって、身体上または精神上の障害があることにより日常生活を営むのに支障がある者につき入浴、排泄、食事その他の介護を行い、並びにその者およびその介護者に対して介護に関する指導を行うことを業とする者をいう。

また、精神障害者の社会復帰等のための保健福祉施策の充実のために、これらのサービスを担う人材の資格が創設されることとなり、一九九七年一二月に精神保健福祉士法が成立し、一九九八年四月から施行された。精神保健福祉士とは、精神障害者の保健、福祉に関する専門的知識および技術をもって、保健医療機関や精神障害者社会復帰施設などにおいて、長期入院などを解消し、社会復帰の促進を図る相談に応じ、助言・指導、日常生活への適応のために必要な訓練、その他の援助を行う。ただし、精神保健福祉士法により精神科ソーシャルワーカーの資格は確立されたのだが、医療分野一般で働く医療ソーシャルワーカーの資格化は取り残された。一九九〇年に精神科を含めて広く医療分野で働くソーシャルワーカーを国家資格化する案が厚生省によって示されたが、関係する団体が多岐にわたって調整がつかず法案提出には至らなかったという経緯があった。それゆえ厚生省の精神保健福祉課が精神科ソーシャルワーカーだけを切り離して新たな資格を創設するということになったのである。今後、医療ソーシャルワーカーの資格をどうするかという問題が残された。

社会福祉士試験は二〇〇三年までに一五回行われており、合格者総数は約五万人である。精神保健福祉士試験は五回行われており、合格者総数は約一万九〇〇〇人である。なお、最近数年間の男女別合格者数をみると、社会福祉士に占める女性の割合は、六六・七％（二〇〇三年）、六六・七％（二〇〇二年）、六七・一％（二〇〇一年）であり、精神保健福祉士に占める女性の割合は、七五・〇％（二〇〇三年）、七五・八％（二〇〇二年）、七七・一％（二〇〇一年）である。ちなみに直接介護にあたる介護福祉士に占める女性の割合は、八二・六％（二〇〇三年）、八五・一％（二〇〇二年）、八五・〇％（二〇〇一年）である。

◆ソーシャルワーカーの資格の課題

前述したように、ソーシャルワーカーとは目下のところ、特定の専門職をさす名称とはなっていない。最近になってこそ、社会福祉士や精神保健福祉士が国家資格化したことにより、ソーシャルワーカー、精神科ソーシャルワーカー（PSW）と称されることが多くなったが、ソーシャルワーカーとは社会福祉士や精神保健福祉士という有資格者だけをさすわけではない。また、社会福祉士や精神保健福祉士とは、名称独占の資格であり、その資格がなければ福祉分野での仕事に従事できないという業務独占の資格ではない。目下のところ、全体からするとまだ少数の有資格者と、多数の無資格者が併存している状況である。しかし、これらの資格が国家資格化されたことにより、ソーシャルワークの専門職化が改めて議論の俎上に上ったことは確かである。同時にこのことは、近年の社会福祉が高度に専門化され、専門的知識をもった社会福祉のヒューマン・パワーが必要とされている状況を表している。

このような状況は、ソーシャルワーカーの役割がより重要となったこと、専門職としての力量が問われていることを意味している。そのためには、ソーシャルワーカーの研修の実施が求められている。ソーシャルワーカーがカバーする領域は多様であるため、個々の職能団体が領域別に行う研修だけでなく、組織を越えて横断的に研修体制が構築される必要がある。また、現状の社会福祉士制度を基盤として、専門領域別の「上級ソーシャルワーカー」（仮称）の認定制度の創設も検討されている。たとえば、学校連盟によるサーティフィケーション（資格認証）制度等が検討課題にあがっている。社会福祉の資格制度は、いまだ議論の過程にある。

2　福祉系大学・短大の急増　ジェンダー関連カリキュラムの実態

◇一八歳人口の減少

高齢社会を担うヒューマン・パワーの質と量を確保するための国家資格が制定されたこと、また高齢者政策を中心とする福祉サービスの一元化や計画的な実施の体制づくりが進められたことは、社会福祉教育のあり方に大きな影響を与えた。従来、社会福祉従事者の養成については、社会福祉系大学等における養成教育、あるいは国・地方公共団体等による養成訓練事業の実施により行われてきたが、そのいずれもがいっそう拡大された。それら拡大化は、二つの方向に向けられた。一つは、国家資格をめざす専門職教育が福祉系の大学・短大・専門学校において拡大したこと。もう一つは、社会福祉サービスを直接的に支えるヒューマン・パワーを確保するための教育の裾野が拡大したことである。

専門職教育に関しては、一九九〇年代に入ると、主として社会福祉士と介護福祉士を養成する大学・短大――いわゆる福祉系の学部・学科が急増した。国家資格化した社会福祉士と介護福祉士の養成は、福祉系学部・学科に大きくゆだねられたからである。しかし福祉系学部・学科の急増はそれだけが原因ではなく、それに加えて、一八歳人口の減少を見越した文部省の大学設置の方針がそれを後押しした。

近年の一八歳人口の減少により、文部科学省は大学・学部の新設や増設を抑制する方針を取っているが、一九九一年に出された文部省通知「平成五年度（一九九三年度）以降の大学設置に関する審査の取り扱い方針」のなかで、看護・社会福祉・医療技術・情報系の学部はその抑制措置の対象外であるとした。少子社会に対応する大学改組をめざす多くの大学が、抑制措置からはずれた看護・社会福祉・情報系の学部・学科を対象として改組を進めたことは当然のことであった。その結果として、福祉系の学部・学科をおく四年制大学・短大は急増した。なお、二〇〇一年に出された文部省通知「平成一二年度（二〇〇〇年度）以降の大学設置に関する審査の取扱方針」は、一九九一年通知と同様の見解を示している。つまり今後も、福祉系学部・学科の増加が継続することが予想されるのである。

◇福祉系の学部・学科の推移

何をもって福祉系学部・学科という分類をするかは、それほど簡単ではない。一般的には、社会福祉士・精神保健福祉士の国家試験受験資格を取得できる学部・学科、または介護福祉士国家資格を取得できる学部・学科をさすが、必ずしもその範囲に限定されてはいないようである。（少人数の）コース制を取ることにより国家試験受験資格を取得できるものの、福祉系学部とは名乗っていない学部もあるし、資格取得はできないが福祉教育を行う福祉系を名乗る学部もあるからである。（資格取得ができる大学・短大だけを集計していると考えられる）『国民の福祉の動向』によると、福祉系大学・短大は二〇〇三年度で二〇六校。同統計の一九九七年では八二校、一九九四年では七三校であったから、一九九〇年代後半に急増したことが明らかである。しかし、二〇六校の内訳は明らかにされていないので、詳細を知るためには別な資料を必要とする。

社会福祉に関する研究科や学部・学科をもつ大学院、大学、短期大学またはそれに準ずる学校で構成される日本社会事業学校連盟（二〇〇三年一二月から、社団法人・日本社会福祉教育学校連盟に改組）の加盟校は、二〇〇二年度末で一八〇校（同連盟は、必ずしも資格取得のための教育課程をもつ学部・学科だけが加盟しているわけではない。また、資格取得ができる大学・短大全校がすべて加入しているわけでもない）。一九九八年末の加盟校数は一一五校（四年制大学七八校、短大・その他三七校）であったので、この数字からも一九九〇年代後半の福祉系学部の急増ぶりが明らかである。二〇〇二年度末の加盟校の内訳は、四年制大学が一三一校、短大・その他の専門学校が四九校。設置者別にみると、国・公立大学が二〇校、私立大学が一六〇校。うち女子大学・短大が二八校である。このように福祉系学部・学科が増加し、社会福祉の専門教育に占める役割が大きくなったことは、福祉系学部・学科における教育の重要性とその中身が改めて問われることになった。

しかし今まで、社会福祉研究のなかで社会福祉労働や社会福祉従事者について論じられることはあっても、社会福祉教育そのものが社会福祉研究のなかで取り上げるべき直接のテーマとされることは少なかった。なかでも、ジェンダーの視点が社会福祉教育のなかで取り上げられることはきわめて少なかった。しかし、社会福祉教育のなかでジェンダーの視点を強調することは、それに関連する他の現代的課題を取り上げることと関連するのである。たとえば、ジェンダーに限らない差別の問題（レイシズム、同性愛嫌悪、エイジズム、障害者差別）を取り上げることにもなるからである。社会福祉が抱えるきわめて現代的な課題——たとえば、外国人労働者やアジアの女性問題——に対応するためにも、ジェンダーの視点は不可欠のはずである。

◆ジェンダー関連カリキュラムの実態

それでは実際に、社会福祉教育のなかでジェンダーはどのように教えられているのだろうか。二〇〇一年に、日本社会事業学校連盟の加盟校を対象として著者が行った、「ジェンダー関連カリキュラム調査」からその実態を報告しよう。

調査対象としたのは、当時の加盟校一二一校。そのうち、少なくとも一科目のジェンダー関連科目が開設されている大学・短大は七二校（学校連盟加盟全校中の四九％）、ジェンダー関連科目が開設されていない大学・短大は四九校（同三三・三％）であった。また、ジェンダー関連科目が開設されていると回答した七二校のうち、教養教育のみに開設されている大学が三六校、専門教育（あるいは教養教育でも開設）に開設されている大学も同数の三六校であった。専門教育として開設している三六校は、調査対象とした日本社会事業学校連盟加盟全校のうちの二四・五％であった。

全国の大学・短大におけるジェンダー関連科目の現況を知ることができる唯一の資料である、国立女性教育会館の調査報告『高等教育機関における女性学・ジェンダー論関連科目に関する調査報告書（二〇〇〇年度）』によると、二〇〇〇年度に「女性学関連科目」を開設している大学・短大は六〇九校で、全国の大学・短大の四九・八％であった。しかし学部別の集計によると、教育系（二三・一％）、社会系（一九・五％）、政策系（四・八％）は低率である。これと比較すると、本調査のジェンダー関連科目開設校（教養教育・専門教育あわせて）が日本社会事業学校連盟加盟全校の四九％を占めていることは、高い数字である。また、本調査のジェンダー関連科目開設校のなかに国・公立大学が一四校、女子大学が二一校あるが、これは国・公立大学の七三・七％と女子大学の七五％にあたり、国立女性教育会館の調査では国・公立大学が五二・四％、女子大学が六六・七％であることと比べて高い数字である。ジェンダー関連科目を開設している専門学校は一校もなかった。

教養課程・専門課程ともにジェンダー関連科目は、一九九〇年代半ばから増加した。とくに専門課程としてのジェンダー関連科目は、教養課程のジェンダー関連科目を後追いするように一九九〇年代後半から二〇〇〇年代はじめにかけて増加した。『女性学関連科目等の現況』によると、一般の大学における女性学関連講座は一九八〇年代半ば頃から増加したので、福祉系学部・学科のジェンダー関連科目のスタートはだいぶ遅かったといわざるをえない。ただ、かなりの数の福祉系学部・学科が比較的最近になっての新設学部であることを考慮すると、ジェンダー関連科目の開設年が遅くに集中していることは理由のあることではある。

教養過程で行われている講義で一番多かった講義名は「女性学」（女性学入門・女性学概論を含む。二二講義）であった。次いで類似のものをまとめて集計すると、「ジェンダー論」（一五）、「女性と現代社会」（七）が多い。「女性論」「女性と福祉」「女性と社会生活」がそれぞれ二講義ずつあり、あとは一講義ずつであった。

専門教育で行われている講義としては、「ジェンダー論」（一三講義）、「女性福祉論」（一一）の二つが多かった。次いで類似のものをまとめて集計すると、「女性学」「女性論」（八）、「女性と現代社会」（五）、「ジェンダーと開発」（四）、「女性と教育」（三）、「女性と労働」（三）、「フェミニズム論」（二）、「援助技術とフェミニズム」（二）であった。あとは各一講義ずつである。

◇調査の結果が明らかにすること

大学全般がカリキュラムに「女性学関連科目」を取り入れつつある結果として、福祉系大学・短大でもジェンダー関連科目を開設した大学が増加した。その理由の一つは、福祉系大学・短大の多くが、比較的新しい学部・学科であるということに依っている。新しい学部・学科は、カリキュラムに新しい試みや学生の希望を取り入れることに積極的だからである。

その結果、いくつかの傾向と問題点が明らかになった。一つは、ジェンダー関連科目を積極的に取り入れる大学・短大と、まったくもたない大学という二極分解が起きていること。教養課程はもちろん、専門課程にもいくつかのジェンダー関連科目を開設する積極的な大学と、教養課程にさえもまったくジェンダー関連科目をもたない大学とに分かれつつある。積極的な大学の共通点として、新しい学部・学科であること、女子大学であることがあげられる。二つ目として、専門教育におけるジェンダー関連科目の課題がある。教養課程におけるジェンダー関連科目は、まだ普及率は十分でないながらも、全般的にみれば一九八〇年代以降の経験も蓄積され、大学共通教育の一端に地位を確保しつつある。しかし専門課程におけるジェンダー関連科目となると、それほど普及しているとはいえない。本調査では数のうえでこそ専門課程でのジェンダー関連科目開設校は教養課程での開設校と同数であるが、その多くは一科目のみの開設であり、専門課程の教育課程に地位を確保しているとは言い難い。また、担当者も含めて、適切な科目の適切な配置については今後の課題である。専門課程におけるジェンダー関連科目の取り扱うべきテーマ、研究方法、教授法、テキスト等具体的な事例を交えて、広く議論が行われることが必要である。

ジェンダー関連カリキュラムを取り入れる目的とは、まず第一に、社会福祉教育のなかで女性の問題を正しく取り上げることである。社会福祉教育に携わる多くの人々は、自分たちが受けた教育のなかで伝統的な女性観以外の女性の情報をほとんど教わる機会がなかったこと、また教室で使用される社会福祉のほとんどの文献も女性の現実を正しく伝えるものではないため、女性の問題が正しく取り上げられることが少ない。女性の問題を正しく取り上げること、教室内で正しく教えることは、今までとは異なる新たな思考方法をつくりだすことになるだろう。たとえば、セクシスト（性差別主義）でない概念を使用することは、従来とは異なる研究や調査の方法を使うことになるだろう。そしてこのような方法とは、女性に限らず他の抑圧されている集団について考える方法を提供することになり、いわゆる「社会的ハンディ」に関わる人々を対象とする社会福祉にとって、有効な戦略となるはずである。

また、カリキュラムをつくることだけでなく、教授法の再考も必要である。暗黙のうちに教室内において再生産されるジェンダー・システム（「隠れたカリキュラム」）が修正されなければならないからである。アメリカやイギリスの文献で紹介されている「隠れたカリキュラム」とは、教師は男女の学生を教室内で異なった取扱いをすることがあるかもしれないこと（女性を無視しがちであること、女性よりも男性のほうを質問や議論に多く指名しがちであること、ケース研究では男性は専門職、女性はクライエントのケースを使用しがちなこと）、両性を表すのに「男性用語」を使用すること、調査研究・実習の課題・卒論のテーマ、進学や就職のアドバイスが男女の学生によって異なることがあるかもしれないこと、等である。つまり社会福祉に内在するジェンダーによる分業——女性は世話をする者、癒す者、男性は導く人であり管理する者——の再生産を教育課程において断ち切ることが必要である。

3 介護職教育の拡大

ヘルパー研修、高校「福祉科」教育の広がり

◇段階的ヘルパー研修制度のスタート

社会福祉の、いわば専門職教育を担う福祉系大学・短大が急増する一方で、福祉教育の裾野も拡大した。福祉系大学・短大以外でも、高齢社会を担うヒューマン・パワーを確保するための各種の福祉教育が盛んに行われるようになったのである。まず、国・地方公共団体が行う各種講習会等がより拡大され、全国的規模で展開されるようになった。身近にある例をあげれば、一九九一年四月からスタートした、ホームペルパー養成を目的とした段階的研修制度である。現在では、ホームヘルパー一級、二級、三級といった区分はすでにおなじみになっているし、自治体の広報誌などには、ヘルパー三級の無料講習会のお知らせがよく掲載されている。ヘルパー一級・二級の有料講習会も地域で盛んに行われている。このような養成制度がスタートしたのが一九九一年四月であり、一九八九年一二月に老人保健福祉の分野の将来のビジョンを数量的に示した「高齢者保健福祉推進一〇カ年戦略」(ゴールドプラン)が策定されたことと連動している。

段階的研修制度とは、子育て後の主婦を主たる対象として、都道府県ですでに実施されていた研修制度(一級課程、三六〇時間)を、一級から三級に分けた三段階研修制度にして再スタートさせたものである。一級(旧制度)は講義・実技・実習あわせて三六〇時間研修で、介護福祉士の国家試験に

合格できる程度のカリキュラムによる研修。二級は九〇時間で、寝たきり老人の介護に対応できる研修。三級は在宅老人の家事援助を中心に四〇時間の研修。三～四週間でパートのヘルパーとして働ける知識・技術を習得するものである。

一九九六年度からはこのような段階的研修制度が、新カリキュラムにより全国で統一的に行われるようになった。この段階的研修制度によって、一九九一年度から総数（一級から三級修了者の合計。実際にはレベルアップを行う人がいるため、人数は重複していると推測できる）で約一六七万人がホームヘルパーとして養成された。うち二級の修了者が最も多くて全体の六七％を占め、次いで三級が二九％、一級修了者が最も少なくて五％である（『国民の福祉の動向 二〇〇三年』）。

◇日本型福祉社会の揺らぎ

一九七〇年代終わり頃から形成された日本型福祉社会が家族介護＝女性介護を基調にし、そのうえに公的制度を効率よく配置した福祉社会であることは明らかだが、それでも一九八〇年代後半になると、日本型福祉社会は少しずつ形を変えていく。家族の役割の重視、とくに三世代同居の強調は影を潜める。それにとって代わって「多様な形のサービス」という、民間サービスやボランティア活動が登場する。一九八六年に、国民生活審議会総合政策部会政策委員会報告「長寿社会の構図――人生八〇年時代の経済社会システム構築の方向」が出され、同年「長寿社会対策大綱」が閣議決定されたが、この大綱のなかで家族互助は希薄化し、私的サービスの育成・活用が課題とされた。

一九八八年に出された経済計画「世界とともに生きる日本——経済運営五カ年計画」には、新たな日本型福祉社会が描かれている。それは、「高齢化が急速に進展し福祉需要が多様化するなかで、社会保障の安定機能の維持と活力ある経済社会の形成が重要な課題である。このため、公民の組み合わせによる独自の『日本型福祉社会』の実現を図る。その際、①社会保障制度の効率化・総合化、②世代間や制度間、受益者と負担者の間の公平、公正の確保、③民間活力の積極的活用と自助努力の促進を基本としつつ施策を推進する」社会であるとしている。

一九八八年に厚生省・労働省から出された「長寿・福祉社会を実現するための施策の基本的考え方と目標について」も、「自立自助の精神と社会連帯の考え方に立ち、国民の基礎的ニーズについては公的施策をもって対応し、多様かつ高度なニーズについては個人及び民間の活力の活用を図る」こととし、老人の介護にあたる家族を支援するために、ショートステイ、ホームヘルパー、デイサービス・センターを中心とする在宅サービスの充実を進めるとした。

これらに明らかなように、一九八〇年代後半における日本型福祉社会とは、家族や地域の機能の弱体化を一応前提としており、家族の多様化と働く女性の増加を是認し、三世代同居を強調しないことが特徴としてあげられる。しかし、自助・連帯を重視し、公的部門をできるだけインフォーマル部門へ移行させる方針が明らかであり、働く女性の増加を前提とした「多様な選択」として対応されてはいるものの、女性は、そのインフォーマル部門の中核として積極的に位置づけられている。つまり形は変わっても、依然として社会福祉の担い手としては女性が想定されている。むしろ、シルバービジネスやボランティア活動の強調は、安価な労働力としての女性の参入をますます必要とするのである。

このような、いわば新・日本型福祉社会では、これを支えるヒューマン・パワーの確保が急務となる。一九八七年に社会福祉士及び介護福祉士法が制定され、福祉専門職が制度化されたが、同年の『厚生白書』は、副題を「社会保障を担う人々――社会サービスはこう展開する」とし、福祉ヒューマン・パワーの量と質の確保の問題を取り上げた。インフォーマル部門のヒューマン・パワーが未成熟であること、「家庭婦人の社会サービスへの活用」を図っていくことが新しい日本型福祉社会を建設していくために必要であると、主婦を主力とするヒューマン・パワー政策について述べている。段階的ヘルパー研修制度がスタートした一九九一年の『厚生白書』は、「広がりゆく福祉の担い手たち――活発化する民間サービスと社会参加活動」と副題をつけ、従来になくボランティアに多くのページを割いている。各自治体で導入されつつある有償ボランティア制度も含めて、新・日本型福祉社会を支えるヒューマン・パワーとして、女性（主として「主婦」）が積極的に位置づけられたのである。

「実りある長寿社会に向けて」と題した一九九四年度の『国民生活白書』は、このような傾向を女性の生き方の一つと「評価」する。「従来、介護は主に家族によって担われてきた。しかし、家族の変容とともに外部サービスの整備が重要な課題になってきている」とし、高齢者の介護のヒューマン・パワーに言及して、「専門的で効率的な介護マンパワーを養成することによって、かえって女性の就労が可能になるといった面もあることに留意すべきである」と述べている。「このような専門的な外部サービスの導入は、サービスの質の向上と効率化をもたらすだけではなく、とりわけ女性にとっては、職業生活と家庭生活の両立を容易にすることにもなることから、女性の自己実現を可能とし、国民経済的な観点からは労働力の確保にもつながるという面がある」と記述している。

そして過去においても現在も、社会福祉の制度とは、こういった「家族イデオロギー」を前提として策定されている。「家族イデオロギー」が、家族＝女性による家族介護を規定していることはむろんだが、福祉労働（とくに介護等の仕事）が「女性の仕事」であるとされることとも無関係ではない。介護・保育・家事労働的仕事は「女性向きの仕事」であり、献身的・犠牲的・無償的な労働を行うことは「女性の特質」であるという女性役割を反映しているからである。そしてこのレトリックは、労働条件の悪い福祉労働――ときにはボランティアという形をとって――への女性の集中を説明するだけではなく、福祉ニーズの拡大により、今後のさらなる集中を促す大義名分となっている。

一九八〇年代後半から進行した新・日本型福祉社会とは、女性が家族機能を担い、かつ他人の家族を介護する福祉労働力として――あるいはボランティアとして――期待される「家族イデオロギー」に支えられた、「女性化する福祉社会」なのである。そして、このような「女性役割――家族イデオロギー」は、社会福祉政策のなかだけではなく、広く社会保障、労働政策のなかにも組み込まれている。

◆ 高校の教科「福祉」の創設

福祉教育の裾野は、子育て後の主婦を対象とするだけではなく、高校生にまで広がった。すでに一九八〇年代から、社会福祉協議会などの主導により中学校・高等学校を福祉教育の実践校や協力校に指定して、ボランティア体験学習を授業やクラブ活動に取り入れるというような福祉教育が進められてきたが、高等学校が介護福祉士養成の一環に組み入れられたのである。高等学校で介護福祉士の受験資格が取得できるように、二〇〇三年から完全実施された高等学校の改訂学習指導要綱に、教科「福祉」が位置づけられた。文部省は一九九九年三月に学校教育法施行規則の一部改正と高等学校学習指導要領の改訂を行い、二〇〇〇年三月付で「教育職員免許法の一部を改正する法律」を公布した。その結果、高等学校教諭の免許にも教科「福祉」が新設され、新課程での教員養成が二〇〇三年度から年次進行によりスタートした。

今回の法改正は、完全学校週五日制の下で、「ゆとり」ある教育を展開し、「生きる力」の育成を図ることをねらいとし、具体的な学習指導要領の改訂の一環として、専門教育のうちの職業に関する教科・科目として「福祉」を新設したのである。教科「福祉」を新設した目標について、今回の改訂のもととなった教育課程審議会の答申は「(高齢社会においては、要介護高齢者の自立を支える人材が必要である……)こうした状況を踏まえ、福祉関連業務に従事する者に必要な社会福祉に関する基礎的・基本的な知識と技術の習得、社会福祉の理念と意義の理解、社会福祉の増進に寄与する能力と態度の育成に関する教育体制を充実し、これらの人材の育成を促進するため、専門教育に関する教科『福祉』を設けることとする」と述べている。また、卒業後の進路については「高齢者や身体障害者等の福祉施設、在宅介護サービス等の福祉関連施設・産業、病院、児童福祉施設、盲学校・聾学校・養護学校等への就職、大学・短期大学等の社会福祉、保育、看護等の学部・学科、専門学校等への進学が考えられる。各学校においては、地域の実情や生徒の進路希望等に応じて、介護福祉士、ホームヘルパー等の福祉関連職業資格の取得や大学等への進学に対応した弾力的な教育課程を編成するように工夫する必要がある」と述べている。

しかし、高等学校が介護福祉士養成の一環を担うことは、今回の改訂によってはじめて着手されたものではない。介護福祉士が国家資格化した時点で、すでにその一環として組み込まれたからである。産業教育に関する調査研究協力者に委託して文部省が設けた調査研究グループの一つ「職業学科の改善・充実」は、一九八七年六月に「福祉科について」という提言を行ったが、そのなかで「現在の社会福祉施設従事者の相当数が高等学校卒業者で占められていること、今後高齢者の介護需要に対応するために高等学校レベルでの専門知識と技術を取得した人材の増大が見込まれる」として「福祉科」設置を提言した。この一連の提言の影響もあり、介護福祉士国家試験受験資格を得る六つのルートの一つとして、「高校福祉科において、指定された科目を履修する」ことが位置づけられた。

今回の改訂による新たな教科「福祉」は、「社会福祉に関する基礎的・基本的な知識と技術を総合的・体験的に習得させ、社会福祉の理念と意義を理解させるとともに、社会福祉に関する諸課題を主体的に解決し、社会福祉の増進に寄与する創造的能力と態度を育てることをねらいとし」、社会福祉基礎、社会福祉制度、社会福祉援助技術、高齢者・障害者介護、社会福祉実習、社会福祉演習、福祉情報処理、の七科目から構成され、カリキュラムは介護福祉士の受験資格に対応している。

教科「福祉」の目的と教育内容が、必ずしも介護福祉士の養成だけを目的としているわけではないが、不足する介護の人材養成と確保のために福祉教育が拡大されたことは明らかである。高校の福祉科において介護福祉士の受験資格が得られる高校は一七四校ある（二〇〇三年度）。

4 福祉労働に参入する男たち

社会福祉に偏在するジェンダー

◇福祉労働のなかの「性差」

社会福祉が「女性の仕事」とされ、福祉労働に占める女性の比率が高いことはたびたび指摘されている。社会福祉の仕事とは、介護や介助を必要とする場合が多く、そのような仕事は家庭内では女性の役割とされ、同様に職業としても「女性向きの仕事」とされているからである。高齢社会に突入し、高齢者の介護が多くの人にとっての深刻な関心事になるにつれ、社会福祉のなかに存在するこのようなジェンダーの偏在が取り上げられるようになった。では、「社会福祉は女性の仕事」といわれるような「性差」とは、福祉労働のなかではどのように存在しているのだろうか。

近年の高齢社会の進展により、社会福祉の分野で働く人の数は急激に増加し、約一四二万人に及んでいる（厚生統計協会『国民の福祉の動向　二〇〇三年』）。しかし、これら一四二万人の性別を知ることはそう容易なことではない。それというのも、福祉労働に従事する人の統計はあるものの、性別による統計はごく限られたものしかないからである。このような統計におけるジェンダー視点の欠落は福祉労働の分野に限ったことではないが、ジェンダーによる偏りを明らかにすることを難しくしてしまう。「女性の仕事」の実態は、数少ない統計から推察する以外にない。

一四二万人といわれる社会福祉従事者のうち、八〇％は社会福祉施設従事者が占めているのだが、その社会福祉施設従事者の性別については、厚生労働省の『社会福祉施設調査報告』により知ることができる。二〇〇二年の同報告書によると、社会福祉施設従事者は約一〇六万人である。分野別にみると、児童福祉施設の従事者が全体の五一・三％と圧倒的に多く、なかでも保育所が四四％と社会福祉施設従事者の半数近くを占めている。次に多いのが老人福祉施設の三二・七％である。もっともここ数年、社会福祉施設従事者全体に占める児童福祉施設従事者の比率が下がりつつあり（五三％・一九九八年、五七％・一九九五年、六四％・一九九〇年）、その代わりに老人福祉施設に占める比率が増加している（三一％・一九九八年、二七％・一九九五年、一九％・一九九〇年）。これら施設従事者を男女別にみると、女性は施設従事者全体の八三・五％で、女性の占める比率の高い種類別には、児童福祉施設八六％（うち保育所は八九％）、老人福祉施設七二・一％、婦人保護施設六八・六％、母子福祉施設六五・〇％、保護施設六一・四％、身体障害者更生援護施設六〇・二％、知的障害者援護施設五五・三％。逆に女性の占める比率が低い施設の種類とは、精神障害者社会復帰施設四三・九％、その他の施設四二・〇％である。

これらの数字から、社会福祉施設には圧倒的に女性が多いこと、また社会福祉施設従事者は福祉労働従事者全体の八割以上を占めているので、福祉労働全体を女性が多く占めているであろうことが推測できる。施設従事者に女性の占める割合は、年数をさかのぼってみてみると、八二・九％（一九七六年）、八二％（一九八〇年）、七六・五％（一九八五年）と多少減少したが、一九九〇年後半から再び女性が八〇％台を占める高い割合が継続している。そして多分、福祉労働のなかに存在するこのような性による偏りは、少数の男性が施設長や管理者を占め、実際の介護やより条件の悪い仕事が「女性の仕事」とされるという、性による二重の差別構造をつくりだしているのだろう。

また別の資料により、民生委員の男女別が明らかである。民生委員の性別割合は、全国一九万人余の民生委員のうち、男性五一・二％、女性四八・八％（『国民の福祉の動向一九九八年』。以後の年次からは性別の記載なし）。つまり民生委員は例外的に、「女性の仕事」ではない。このことは、民生委員が他の福祉労働とは異なり「名誉職」的性格をもつためである。しかし、一九六八年は女性が三〇％、男性が七〇％であったことと比べると、年々女性の占める割合が高くなっている。

一九八八年から制度化された社会福祉士・介護福祉士資格の取得者の男女別推移をみると、専門的知識・技術をもって助言・指導にあたる社会福祉士は、その六六・七％（二〇〇三年）が女性であることと比べ、直接介護にあたることを任とする介護福祉士は、その八二・六％（二〇〇三年）が女性である。一九九七年に制度化された精神保健福祉士は、その七五・〇％が女性である（二〇〇三年）。

これらの限られた資料からではあるが、社会福祉は「女性の仕事」とされていること、とくに、介護や介助といったケアをする仕事は「女性の仕事」とされていることがわかるのである。

◆社会福祉教育のなかの「性差」

ではそれに関連して、社会福祉研究や教育に携わる人々のなかにも「性差」が存在するのかどうかをみてみよう。日本社会福祉学会が、同会員を対象に行った『社会福祉学研究者実態調査報告書』（一九九二年）は、社会福祉教育に存在する「性差」を明らかに示してくれる数少ない資料である。同報告書によると、回答者は、男性七〇・二％、女性二九・八％と、圧倒的に男性が多い。これらの対象者の六三・八％は大学・短大・専門学校といった教育機関に属し、一八・一％が福祉施設・団体等の現場機関に属しているので、社会福祉の教育機関では、圧倒的に男性が多いことがまずわかる。そしてこれらの所属を性別でみると、男性では「大学」に所属する人が四一・七％と最も多く、女性の二五・〇％に比べて高率である。女性は、「短期大学」「専門学校等」「その他」が男性に比べて高い。回答者のうち、研究・教育に携わっている人が八割いるが、その職階はまた性別を明らかに反映する。男性は「教授」が三八・六％と最も多いが、女性は「教授」は一八・三％であり、最も多いものは、「非常勤講師」「専任講師」である。

その他、性別による相違は、出身学部の違いにも表れる。「家政学部」「社会学部」「生活科学部」「人文学部」では女性の比率が高く、それ以外の学部では男性の比率が高い。とくに「法学部」「経済学部」「医学部」では男性の比率が飛び抜けて高い。専門研究領域にも男女差がある。女性は「方法・技術」「老人福祉」「医療福祉」「家族福祉」が多く、男性は、「理論」「歴史」「制度・政策」が多い。つまり、社会福祉教育や研究に携わっている女性は、往々にして研究条件が劣る環境で、男性研究者より下の職階で、「中心的」でない領域を研究対象にしている。これらの限られた資料からでも、社会福祉教育のなかにも「性差」が存在することが明らかである。

◇資格が男女に開かれる

それでも近年になって、男性の職場に進出する女性が増加したように、「女性の仕事」といわれる福祉労働（それも管理者や事務職ではなく、直接介護にあたる介護職）に男性が進出するようになった。介護福祉士の専門学校へ入学する男性が増えたと言われるし、自治体が主催するヘルパー講習や介護講座にも男性の参加が目立つようになった。私たちの周りでも、そのような例を見たり聞いたり、働いている姿をしばしば見かけるようになった。福祉の仕事が「評価」されつつあること、男女間の意識の差や職業観が縮まりつつあること、あるいは不況による就職難も影響しているのかもしれないが、福祉労働における男女の統合は少しずつ進みつつある。具体的には、施設の介護職や寮父、男性ヘルパー、保育士として働く男性が少しずつ増えている。その背景には、従来女性だけに限定されていた福祉・医療関連の各資格が、男性にも開放されたことがある。

女性に限られていた保母資格は一九四七年に制定された児童福祉法で規定されたのだが、一九七七年の児童福祉法施行令の改正により男性も取得できるようになった。それ以降、少しずつ男性保育者が増加した。それら男性保育者は「保父」を名称として使用することが多かったが、それは通称であった。児童福祉法施行令は男女とも「保母」を正式な名称としていたのだが、男性にとってはいかにも保母は使いづらい名称であるため、便宜上「保父」が使われていたのだった。

このような事情のなかで一九九七年九月に総務庁は、男性保育者に法令上正式な名前をつけるよう厚生省に要請した。「保母」は保育を女性の役割と規定する名称であること、男性保育者にとって使用しづらい名称であるという声が高まったからである。厚生省は、「保父」を正式名称とするか、それとも男性にも女性にも共通する新しい名称を考え出すかの検討を迫られたのである。一九九七年末に、正式な名称として「保育士」が採用された。現在保育士は全国で約三〇万人ほどで、うち男性保育士は約三〇〇〇人といわれている。約一％であるが、その数は毎年増えつつあるという（「全国男性保育者連絡会」による）。ちなみに幼稚園教諭は全国で八万五〇〇〇人で、うち男性は七〇〇人しかいない。

女性に限られていた保健婦資格は、一九九三年に男性にも開放され、保健婦（女性）・保健士（男性）とされた。二〇〇二年一二月に保健婦助産婦看護婦法が一部改正され、男女別に称されていた各資格の名称が統一された。これにより、保健婦・保健士が保健師に、看護婦・看護士が看護師に、助産婦が助産師と称されることとなった。ただし助産婦は助産師と名称変更はされたものの、女性だけが取れる資格であり、男性にはいまだ開かれてはいない。

この保健婦助産婦看護婦法の一部改正のときにも、提出された元の法案には、男性助産師を認めるという部分があったのだが、最終的にはその部分は削除され、名称変更だけにとどまったという経緯があった。助産師についても男性に門戸を広げるべきだという意見もあるのだが、産婦人科医と比べて助産師という仕事が産婦の身体を直接看護する仕事であること、産婦の心理的な抵抗が強くあることと等により、反対する意見も強い。あえて男性助産師が必要かどうかという議論もあり、現在のところ助産師資格は女性に限られている。

◆男性が進出することのメリット

たとえゆっくりとではありながらも、「女性の仕事」へ男性が参入することは、いくつかのメリットをもたらしてくれる。まず、保育や介護といった「ケア役割」が女性の役割として固定化されていることを揺るがすことになる。本来「ケア役割」とは、人間の生存や快適な生活を送るうえでの大事な仕事であるにもかかわらず、女性の役割と固定化されるために価値の低い（あるいは女性自身が価値が低いと思い込む）仕事とされがちである。保育や介護は、男性が従事することによって、その技術を研鑽したり、専門性を高める努力がなされる契機となるだろう。また、保育や介護の現場が女性ばかりの職場だから、他の職業に比べて往々にして賃金が安く押さえられるという問題がある。保育や介護とは、男女にかかわらず従事すべき価値ある仕事であり、それにふさわしい労働条件や賃金が整えられるべきなのである。

「女性の仕事」とされている福祉労働へ男性が進出することは、このような傾向を打破する突破口になる。また、高齢化のいっそうの進展によって今後さらに必要とされる福祉労働は、女性だけでとうてい担いきれるものではなく、また女性だけが担うべきものでもない。そのためにも福祉労働へのさらなる男性の参入は、必要とされているのである。

資料7-1　社会福祉従事職員研修体系等の概要

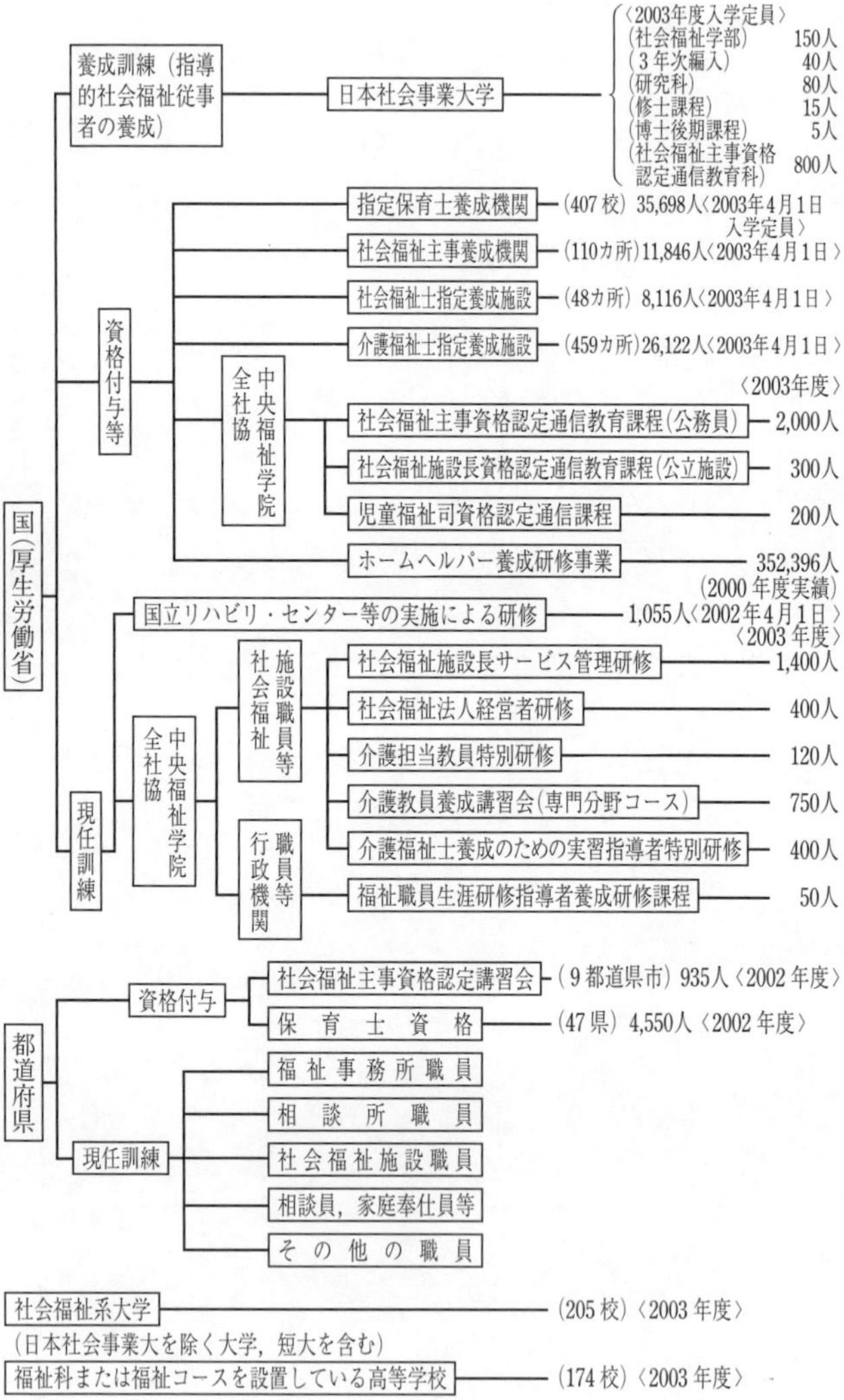
国（厚生労働省）
養成訓練（指導的社会福祉従事者の養成）
日本社会事業大学
〈2003年度入学定員〉
(社会福祉学部) 150人
(3年次編入) 40人
(研究科) 80人
(修士課程) 15人
(博士後期課程) 5人
(社会福祉主事資格認定通信教育科) 800人
資格付与等
指定保育士養成機関
(407校) 35,698人〈2003年4月1日入学定員〉
社会福祉主事養成機関
(110カ所) 11,846人〈2003年4月1日〉
社会福祉士指定養成施設
(48カ所) 8,116人〈2003年4月1日〉
介護福祉士指定養成施設
(459カ所) 26,122人〈2003年4月1日〉
中央福祉学院 全社協
〈2003年度〉
社会福祉主事資格認定通信教育課程(公務員)
2,000人
社会福祉施設長資格認定通信教育課程(公立施設)
300人
児童福祉司資格認定通信課程
200人
ホームヘルパー養成研修事業
352,396人 (2000年度実績)
現任訓練
国立リハビリ・センター等の実施による研修
1,055人〈2002年4月1日〉
〈2003年度〉
中央福祉学院 全社協
社会福祉施設職員等
社会福祉施設長サービス管理研修
1,400人
社会福祉法人経営者研修
400人
介護担当教員特別研修
120人
介護教員養成講習会(専門分野コース)
750人
介護福祉士養成のための実習指導者特別研修
400人
行政機関職員等
福祉職員生涯研修指導者養成研修課程
50人
都道府県
資格付与
社会福祉主事資格認定講習会
(9都道県市) 935人〈2002年度〉
保育士資格
(47県) 4,550人〈2002年度〉
現任訓練
福祉事務所職員
相談所職員
社会福祉施設職員
相談員，家庭奉仕員等
その他の職員
社会福祉系大学
(205校)〈2003年度〉
(日本社会事業大を除く大学，短大を含む)
福祉科または福祉コースを設置している高等学校
(174校)〈2003年度〉

（出所）　厚生統計協会『国民の福祉の動向』2003年。

資料7－2　社会福祉従事者数の推移

（単位：人）

	1997年	1998年	1999年	2000年	2001年
社会福祉施設職員	827,189	881,861	936,058	1,061,366	1,068,281
ホームヘルパー	136,661	157,711	176,450	177,909	233,840
その他	115,940	122,775	131,023	138,380	120,628
総　　数	1,079,790	1,162,347	1,243,531	1,377,655	1,422,749

（出所）　厚生統計協会『国民の福祉の動向』2003年。

資料7－3　資格試験合格者数の推移

(1)　社会福祉士試験合格者の推移　　（単位：人）

	受験者数	合格者数
第1回試験　(1989年度)	1,033	180
第5回試験　(1993年度)	3,886	924
第10回試験 (1988年度)	12,535	3,460
第14回試験 (2002年度)	28,329	8,343
第15回試験 (2003年度)	33,452	10,501
総　　数	173,573	49,517

(2)　介護福祉士試験合格者の推移　　（単位：人）

	受験者数	合格者数
第1回試験　(1989年度)	11,973	2,782
第5回試験　(1993年度)	11,628	6,402
第10回試験 (1998年度)	31,567	15,819
第14回試験 (2002年度)	59,943	24,845
第15回試験 (2003年度)	67,363	32,319
総　　数	438,445	206,800

(3)　精神保健福祉士合格者の推移　　（単位：人）

	受験者数	合格者数
第1回試験 (1998年度)	4,866	4,338
第2回試験 (1999年度)	3,535	2,586
第3回試験 (2000年度)	4,282	2,704
第4回試験 (2001年度)	5,480	3,415
第5回試験 (2002年度)	9,039	5,670
総　　数	27,202	18,713

(4) ケアマネジャー数の推移　(単位：人)

	受験者数	合格数
第1回試験（1998年度）	207,080	91,269
第2回試験（1999年度）	165,117	68,081
第3回試験（2000年度）	128,153	43,854
第4回試験（2001年度）	92,735	32,560
第5回試験（2002年度）	96,207	29,505
総　数	689,292	265,269

（出所）厚生統計協会『国民の福祉の動向』2003年。

資料7-4　近年の資格試験合格者の性別

(1) 社会福祉士

区　分	合格者に占める割合	
	男性（%）	女性（%）
第12回(2000年)	35.7	64.3
第13回(2001年)	32.9	67.1
第14回(2002年)	33.3	66.7
第15回(2003年)	32.2	66.7

(2) 介護福祉士

区　分	合格者に占める割合	
	男性（%）	女性（%）
第12回(2000年)	16.9	83.1
第13回(2001年)	15.0	85.0
第14回(2002年)	14.9	85.1
第15回(2003年)	17.4	82.6

(3) 精神保健福祉士

区　分	合格者に占める割合	
	男性（%）	女性（%）
第1回(1999年)	38.0	62.0
第2回(2000年)	26.1	73.9
第3回(2001年)	22.9	77.1
第4回(2002年)	24.2	75.8
第5回(2003年)	25.0	75.0

（出所）著者作成。

あとがき

私たちの社会には、ジェンダー（社会的・文化的な性差）から派生する不平等が存在し、その多くは女性の抱える困難と密接に関連している。ゆえに、「ジェンダーの視点」により社会を再検討し、男女の不平等を修正することはフェミニズムの重要な問題提起である。なかでも社会福祉（制度や政策だけではなく、福祉社会のあり方や価値観も含めて）には、ジェンダーから派生するさまざまな問題が存在する。フェミニズムが「見えるもの」にし、「名付けた」女性の抱える困難（たとえば、ドメスティック・バイオレンス）は社会福祉の重要な課題であるし、また社会福祉の対象者も、家庭内で介護・育児を担う人も、福祉労働としてそれを担う人も女性が多くを占めている。そのために社会福祉の領域とは、ジェンダーの視点による再検討をより必要としている。

このような主張は、一九九〇年代後半になるとたびたび取り上げられるようになった。他の領域と比べて、社会福祉はフェミニズムの影響を受けることが少なかったのだが、相互に影響を与えあうようになった。その結果、一九九〇年代の後半から二〇〇〇年代初頭にかけて、ジェンダーを課題とする新たな社会福祉関連法が次々に成立し、施行された。

このような背景には、一九九〇年代に入ってから国連でたびたびジェンダー問題が取り上げられたことがある。とくに女性の身体の自己管理やセクシュアリティといった「女性の権利」は、一九九〇年代に開催された一連の国際会議で取り上げられた。このような国際的な趨勢が、日本においても児童買春・児童ポルノに係る行為等の処罰及び児童の保護等に関する法律、児童虐待の防止等に関する法律、配偶者からの暴力の防止及び被害者の保護に関する法律を成立させ、また男女共同参画社会基本法の成立の後押しをしたのだった。一方、少子・高齢社会の進行により、ジェンダー課題が社会福祉の政策課題となったという事情もある。女性に負わされてきた介護役割や子育て役割が、政策課題として取り上げられるようになったのだ。介護保険が施行され、社会福祉法、次世代育成支援対策推進法、少子化社会対策基本法が成立した。

このような経過からわかるように、社会福祉のなかのジェンダー課題は必要に迫られて、ある程度は政策に取り入れられたのだが、その結果として出現した、一見「男女平等風な福祉社会」は、新たな問題を提起しつつある。「見える」ようになった女性の抱える困難は、男女が抱える「共通の問題」として再び見えにくくなりつつある。構造改革を進行中の社会福祉はますますわかりにくくなり、フェミニズムとの関わりも複雑化しつつある。私が本書を書いた動機はここにある。一九九〇年代後半から複雑化した、社会福祉とフェミニズムのいわば「セカンド・ステージ」をわかりやすく記述すること、「セカンド・ステージ」こそ、ジェンダー視点による社会福祉の再検討を必要としていることを明らかにしようと意図したからである。

本書は、私が一九九九年二月に出版した『ジェンダーで読む福祉社会』（有斐閣選書）の続編である。前著では、社会福祉とフェミニズムという両面から、福祉社会の成り立ちや制度を読み解くことを試みた。本書ではその理解の上に立って、一九九〇年代後半から進行した社会福祉とフェミニズムの新たな関わり――新しく成立した社会福祉関連法を含めて――を読み解くことを目的とした。少子・高齢社会という、未踏の社会に向けて変化しつつある社会福祉は、私たちの社会を支える制度・政策となるために今後さまざまな研究視角から検討され、批判されなければならないが、ジェンダーの視点とは、その重要な一つなのである。読者がこのような主張を理解し、「セカンド・ステージ」について考える契機を本書が提供できれば幸いである。

本書に収めた文章のいくつかは、財団法人中部産業労働政策研究会の定期刊行物『産政研フォーラム』に連載したものである。ジェンダー視点から社会福祉の最近の動向を解説するという私の意図を理解し、長期間連載する機会を与えてくださった同編集部にまず感謝する。連載という方法をとらなかったら、日々の忙しさに紛れて、本書の刊行にはもっと時間がかかったにちがいない。

そして本書もまた、前著と同様に、社会福祉をわかりやすく説明するために、小説やマンガやテレビドラマ・映画を「小道具」として使用した。転載を許可してくださったそれぞれの作者・関係者に感謝する。とくに『歩いていこう』のマンガを表紙に使うことを許可してくださった青山くみこ氏に感謝する。そして最後に、前著と同様に企画の段階から本書の出版に力を貸してくださった有斐閣書籍編集第二部の鹿島則雄・松井智恵子両氏に改めて感謝する。

二〇〇四年四月

杉本　貴代栄

◆本書に登場した文献一覧

青山くみこ『歩いていこう』①講談社、一九九五年
朝日新聞社編『「育休父さん」の成長日誌――育児休業を取った六人の男たち』朝日新聞社、二〇〇〇年
有吉佐和子『恍惚の人』新潮社、一九七二年
生島ヒロシ『おばあちゃま、壊れちゃったの?――ボクと妻の老親介護』三笠書房、一九九九年
江村利雄『夫のかわりはおりまへん――前高槻市長の介護奮戦記』徳間書店、一九九九年
「夫（恋人）からの暴力」調査研究会『ドメスティック・バイオレンス』有斐閣選書、一九九八年
梶原一騎作・川崎のぼる画『巨人の星』①~⑥講談社コミックデラックス、二〇〇三年、⑦~⑪講談社漫画文庫、一九九五年
倉田真由美『だめんず・うぉ~か~』①~⑥扶桑社、二〇〇一~二〇〇三年
さくらももこ『ちびまる子ちゃん』①~⑥集英社文庫、二〇〇三~二〇〇四年
椎名篤子『新 凍りついた瞳（め）』集英社、二〇〇三年
椎名篤子原作、ささやななえ著『新 凍りついた瞳（め）――子ども虐待ドキュメンタリー』集英社、二〇〇三年
杉本貴代栄ほか『日米のシングルファーザーたち』ミネルヴァ書房、二〇〇一年
竹永睦男『男の介護――四八歳サラリーマンの選択』法研、一九九八年
俵孝太郎『どこまで続くヌカルミぞ――老老介護奮戦記』文藝春秋、一九九九年

日経連出版部『セクハラ防止ガイドブック』日経連出版部、一九九九年
働くことと性差別を考える三多摩の会編『働く女の胸のうち――女六五〇〇人の証言』学陽書房、一九九一年
晴野まゆみ『さらば、原告A子――福岡セクシュアル・ハラスメント裁判手記』海鳥社、二〇〇一年
干刈あがた『ゆっくり東京女子マラソン』朝日文庫、二〇〇〇年
同　『ウホッホ探検隊』朝日文庫、二〇〇〇年
久田恵『ニッポン貧困最前線――ケースワーカーと呼ばれる人々』文藝春秋、一九九四年
弘兼憲史『課長 島耕作』①〜⑰講談社漫画文庫、一九九四〜一九九五年
同　『部長 島耕作』①〜⑬講談社、一九九五〜二〇〇二年
同　『取締役 島耕作』①〜⑤講談社、二〇〇二〜二〇〇四年
福岡賢正『男の子育て風雲録』毎日新聞社、一九九八年
保坂渉『虐待――沈黙を破った母親たち』岩波書店、一九九九年
舛添要一『母に襁褓をあてるとき――介護闘いの日々』中央公論社、一九九八年
丸山浩路『イラスト手話辞典』ダイナミックセラーズ出版、一九八四年
水島宏明『母さんが死んだ――繁栄ニッポンの福祉を問う』ひとなる書房、一九九〇年
山田昌弘『パラサイト・シングルの時代』ちくま新書、一九九九年
よりよい介護をめざすケアマネジャーの会編『ケアマネジャー六〇九人の証言』桐書房、二〇〇一年
Ehrenreich, Barbara, *Nickel and Dimed*, Metropolitan Books, 2001.

◆初出一覧（その他は本書のための書き下ろし）

第1章1 「社会福祉基礎構造改革の進展と行方（一）——社会福祉法の成立」（原題は、「社会福祉の構造改革（上）」）『産政研フォーラム』No.五六、二〇〇二年秋号、財団法人中部産業労働政策研究会

2 「社会福祉基礎構造改革の進展と行方（二）——民営化・市場化する福祉」（原題は、「社会福祉の構造改革（下）」『産政研フォーラム』No.五七、二〇〇三年冬号、財団法人中部産業労働政策研究会

第2章1 「男女雇用機会均等法の改正とセクシュアル・ハラスメント——流行語大賞から一五年たって」『産政研フォーラム』No.四三、一九九九年春号、財団法人中部産業労働政策研究会

2 「雇用の女性化の進行——女子学生の就職戦線異状あり」『産政研フォーラム』No.四六、二〇〇〇年春号、財団法人中部産業労働政策研究会

3 「男女共同参画社会基本法と女子マラソン——男女平等への取組みは、ゆっくり、しっかり、長期戦で」『産政研フォーラム』No.四七、二〇〇〇年夏号、財団法人中部産業労働政策研究会

4 「DV防止法の成立——見えるようになった『夫（恋人）からの暴力』」『産政研フォーラム』No.五一、二〇〇一年夏号、財団法人中部産業労働政策研究会

第3章1 「少子化対策キャンペーンと育児休業——『育児をしない男を、父とは呼ばない』（?）」『産政研フォーラム』No.四四、一九九九年秋号、財団法人中部産業労働政策研究会

2　「少子社会の子育て支援政策(一)――専業主婦の憂鬱」(原題は「専業主婦の憂鬱――子どもを虐待する母親の『理由』」)『産政研フォーラム』No.四五、二〇〇〇年冬号、財団法人中部産業労働政策研究会

3　「少子社会の子育て支援政策(二)――進行する出生率低下と晩婚化」(原題は、「進行する出生率低下と晩婚化――少子社会の子育て支援政策」)『産政研フォーラム』No.五二、二〇〇一年秋号、財団法人中部産業労働政策研究会

5　「子どもの権利とジェンダー――学校教育における『ヘンな規則』を見直そう」『季刊　子どもの権利条約』五号、エイデル研究所、一九九九年八月

第4章―「母子世帯と児童扶養手当――母子世帯調査が明らかにするジェンダー問題」『産政研フォーラム』No.五三、二〇〇二年冬号、財団法人中部産業労働政策研究会

2　「進められる『養育費の支払い』――『私の青空』にみる〈別れた父の子育て責任〉」『産政研フォーラム』No.四八、二〇〇〇年秋号、財団法人中部産業労働政策研究会

3　「父子世帯への社会福祉援助――『課長　島耕作』が直面する別居父子世帯問題」『産政研フォーラム』No.五四、二〇〇二年春号、財団法人中部産業労働政策研究会

第5章―「介護保険の功罪――女性は『介護役割』から解放されたのか?」『産政研フォーラム』No.五〇、二〇〇一年春号、財団法人中部産業労働政策研究会

第6章―「バリアフリー政策の進展――『ビューティフル・ライフ』はバリアフリーで」『産政研フォーラム』No.四九、二〇〇一年冬号、財団法人中部産業労働政策研究会

◆た　行

◆な　行

◆は　行

索　引

◆著者紹介

杉本　貴代栄（すぎもと　きよえ）

東京生まれ。東洋大学大学院社会学研究科社会福祉学科博士課程退学。イリノイ大学シカゴ校マルチカルチュラル女性学研究所研究員，長野県短期大学教養学科助教授を経て，1997年より金城学院大学現代文化学部福祉社会学科教授。担当講義は，社会福祉概論，ジェンダー論等。社会福祉学博士。

著書に，『アメリカ女性学事情』（有斐閣，1985年），『社会福祉とフェミニズム』（勁草書房，1993年），『女性化する福祉社会』（勁草書房，1997年），『ジェンダーで読む福祉社会』（有斐閣，1999年），『アメリカ社会福祉の女性史』（勁草書房，2003年）がある。

編・共著に，『日米の働く母親たち』（ミネルヴァ書房，1991年），『学んでみたい女性学』（ミネルヴァ書房，1995年），『日米のシングルマザーたち』（ミネルヴァ書房，1997年），『社会福祉のなかのジェンダー』（ミネルヴァ書房，1997年），『ジェンダー・エシックスと社会福祉』（ミネルヴァ書房，2000年），『日米のシングルファーザーたち』（ミネルヴァ書房，2001年），『新しいソーシャルワーク入門』（学陽書房，2001年），『私はソーシャルワーカー』（学陽書房，2004年）等がある。

ジェンダーで読む
21世紀の福祉政策　〈有斐閣選書〉

Feminist Perspective for 21st Century Social Welfare

2004年5月10日　初版第1刷発行
2008年2月10日　初版第2刷発行

著　者　杉本貴代栄

発行者　江草貞治

発行所　株式会社　有斐閣
東京都千代田区神田神保町2-17
電話（03）3264-1315〔編集〕
3265-6811〔営業〕
郵便番号101-0051
http://www.yuhikaku.co.jp/

印刷　図書印刷株式会社・製本　株式会社明泉堂

ISBN4-641-28093-2